婚恋财富法律宝典

李颖珺 著

中国法制出版社
CHINA LEGAL PUBLISHING HOUSE

序一

　　我和本书作者颖珺律师相识于2017年广东省律师协会婚姻家庭专业委员会的年会上。通过这几年间的交往，她给我的印象是沉稳谦和，对家事律师专业化充满热忱与坚定。作为一名家事律师，她在处理家事纠纷时，应对的不只是一般意义上的身份关系和普通的财产关系，而是一种法律、伦理密切交织的复合型民事纠纷。颖珺律师这几年一直在家事律师专业化的路上潜心修行，本书就是其成果之一。

　　随着我国社会经济的发展，私人财产积累明显增加，财产类型日渐繁多，尤其是婚姻家庭财产功能多元化凸显，婚姻家庭中的财富管理和财产清算风险和冲突显著增多，生活财产和经营财产同时存在亦为常见。婚姻家庭财产，流通于家庭范围、交易领域与经营场所之间，其功能也从传统的生活保障逐步转向现代的投资和经营功能。

　　在法律规范上，婚姻家庭法回归民法典①，婚姻家庭财产的法律逻辑在理念和范式上需要转型。在民法典的框架下做好婚姻家庭法与一般财产法的衔接，在婚姻家庭财产法律解释上构建统一理念及规则，这是家事律师需要准确把握的。

　　本书作者在民法典背景下，以家事律师独特的视角，对婚姻家庭财产的类型进行了系统的梳理，用通俗易懂的表述分享了婚姻家庭财产的法律规定，结合审判实务中的真实案例，提示了婚姻家庭财产管理的风险所在，

---

① 本书规范性文件的名称使用简称，下文不再标注。

基本上把婚姻家庭各个阶段有可能发生的财产关系都涵括其中了。

本书可以帮助有需要的婚姻家庭当事人，利用可控制、可预期的方式实现家庭财产的稳定、交易秩序的安全与经营秩序的顺畅，建立家庭债务的风险防范机制；也可以帮助已经发生纠纷的婚姻家庭当事人寻求财产的救济，做好外部经营债务与家庭内部财产的隔离，实现家庭和谐与社会公平。

中山大学法学院副教授　卓冬青

2023 年 2 月

序二

颖珺律师是我的同事,她十六载来专注于家事领域,精耕细作,是热爱阅读、写作和热心公益的专家型律师,在业界拥有良好口碑。她善于总结,乐于分享,把无数的心血与智慧结晶凝聚于字里行间馈赠同行和大众。

作为一名执业超过二十年的老律师,我也曾处理过若干婚恋纠纷,其中情感和财产最易纠缠不清,剪不断理还乱,且涉及的金额越来越高。

人是经济动物,家庭是最小的经济单位,个人的生存和家庭的经营,包括从日常的各种开支到投资理财,从重大的资产处分到财富的积累与传承,都离不开物质条件。

婚姻这种"契约",不仅是两个人的事,往往还牵扯男女双方的父母乃至家族,所谓"至亲至疏夫妻",随着自我独立意识的壮大、财富的不断增加,亲密关系中的财产规划就显得尤为重要。

本书立足于事先规划、防患于未然,针对现实中常见的问题,对各种类型的财产、亲密关系在各个阶段的规则进行细致梳理,真乃用心良苦。各方对彼此权利义务的明晰,对行为后果的准确预判,可以让人更加清醒地面对人生大事,打破因不了解而产生的恐惧顾虑,做好合理而必要的安排,能激发人们进入婚姻的勇气,大大减少纠纷的发生,构筑婚姻的稳定基石。

所以,让我们打开这本《婚恋财富法律宝典》,从中汲取营养成分,增加智慧技巧,理性对待婚恋问题和由此产生的财产关系。诚然,如果夫妻都能多换位思考,多倾听对方心声,怀着知足感恩之心,守着当下平凡,那才是通往真正幸福的大道。

作者颖珺律师热情洋溢，对世界充满好奇，对电影、历史、文学、心理学都有着浓烈的兴趣和深入的探究。她笔耕不辍——普法故事、办案手记、执业技巧、时评影评、诗词新编、散文游记等皆手到擒来，涉猎题材之宽广、文体风格之多变，让人为之惊喜赞叹。最近她写的"国宝活起来"系列、美食系列，灵动又浪漫，可谓减压神器。颖珺律师还总结了二十多种"法律人写作方法"，并以自己的文章作为例子，期待这会是她的下一本图书。

作为每天在工作上处理复杂家庭矛盾的律师，颖珺在生活中也扮演着女儿、妻子、母亲等多重角色。在岁月磨砺之下，她拥有一颗柔软敏锐的心，自觉担当社会道义，十几年来不遗余力地进行普法宣传和公益法律服务。结合民法典及相关的最新规定，她精心打造了财富安全传承、女性权益维护、高净值人士家事风险防范等课件，多次到学校、部队、社区、企业、金融机构举办讲座，还制作了婚姻家事和未成年人保护的法律手册，广为派发，普及法律知识和法治观念。

"俏也不争春，只把春来报。待到山花烂漫时，她在丛中笑。"颖珺如同一枝凌寒独立、香远益清的梅花，愿她绽放得更加美丽！

广州金鹏（东莞）律师事务所合伙人、

高级企业合规师、法仕盾团队负责人

徐洪辉律师

2023年2月

第一章

恋爱、结婚的财富规划和保障

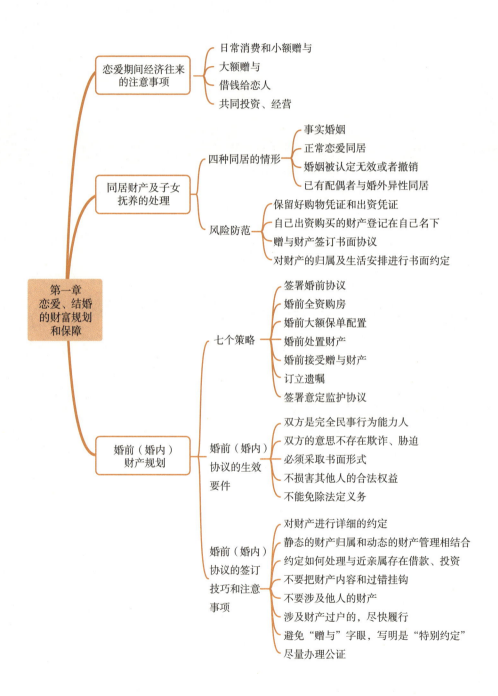

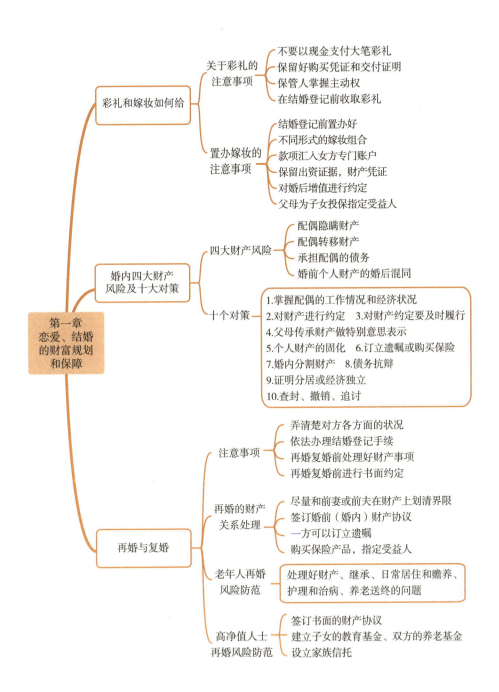

第一节　恋爱期间的五种金钱往来

恋爱关系更多依赖道德和价值观层面去调整，可以说，法律并不保护恋爱关系本身。一是恋爱是一种感情关系，看不见、摸不着，又不停在变化。二是恋人之间是平等的民事主体，在民事交往中，适用一般的法律规范。根据个案的情况，可能适当考虑情感因素。三是恋人的财产纠纷与夫妻财产纠纷有很大的区别，因为双方人身关系不同。夫妻之间，有着婚姻关系，共同经营家庭，是经济共同体。恋爱期间的款项来往、经济纠纷，属于什么性质，要根据双方的意思表示和客观证据来判断。当然，这里说的是正常恋爱，如果不幸遭遇感情骗子、职业婚骗之类的坏人，受害人可以要求返还自己的各种开支和送给对方的钱财，绝对不能姑息坏人。

一、恋爱期间经济往来的法律认定

第一，日常消费。双方日常吃喝、娱乐、游玩的共同消费，是维系感情的必要支出，而且这些大量发生的日常消费，确实也无法算得一清二楚，所以法律通常不支持返还的要求。

第二，小额赠与。在恋爱过程中，双方互相赠送物品是很平常的。若赠送的是小额物品，法律上同样认为是维系感情的必要支出，通常不支持返还的要求。

第三，大额赠与。若一方赠与了恋人车辆、房屋或大量现金，那么在分手之后，是否有权索回？如果赠与方能证明以结婚为目的，若结婚不成，可以要求返还。但在个别案例中，大额的赠与被认定是"为了维系感情的无偿赠与"，法院驳回了返还的要求。至于什么是小额、什么是大额，要根据个案而定，根据当地的经济水平、当事人的经济能力、生活情理来综合判断。

2017年广州发生了一起案例[①]：男女双方在2017年春节认识，当年5月恋爱，7月订婚并同居至12月就分手了，之后男方两次起诉女方。第一次男方起诉女方要求返还彩礼200万元，一审法院判决女方向男方返还彩礼180万元，双方并未上诉，依据《最高人民法院关于适用〈中华人民共和国婚姻法〉若干问题的解释（二）》[②]第十条第一款第一项的规定（即《最高人民法院关于适用〈中华人民共和国民法典〉婚姻家庭编的解释（一）》第五条第一款第一项），双方未办理结婚登记手续的，可要求返还彩礼。考虑到双方同居生活已逾半年，法院酌情判决返还90%，20万元相当于给女方的补偿。第二次男方又起诉女方，要求女方返还恋爱期间男方转账给女方的一百多万元，一审男方胜诉，一审法院支持了男方全额请求，但二审法院则驳回了男方的全额请求。本案的争议焦点，是对交往期间款项性质的认定。双方之间对此没有约定。男方刚开始提出是借款给女方，但男方没法提供借据之类的证明。后来男方改主张为"附条件的赠与"，以结婚为条件，结婚不成，要撤销赠与。女方则辩称款项是"好意惠施"，以增进恋人情谊为目的，无偿为另一方提供金钱。

---

① 广州市中级人民法院（2017）粤01民终8560号，载中国裁判文书网，https://wenshu.court.gov.cn/website/wenshu/181107ANFZ0BXSK4/index.html?docId=Xo/iK6Op8tr4celr/PhlUgh+P2ygSWSUq9B11GJCqB8A/B4tTsktbZ/dgBYosE2gpMETOMFw275ep4DB3l0Sqzi7a1gzeZ/a0tS85Nvcvilzz0W95SF09uxxiccCvBCA，最后访问日期：2023年1月8日。

② 已失效。下文不再提示。

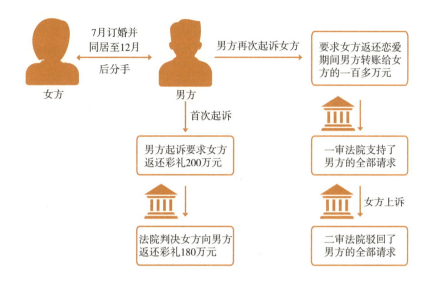

二审法院的判决理由有四点：1.款项为近一年内不定期不定额的转账，无论是银行转账还是微信红包给付，未有证据显示男方以双方未来缔结婚姻为条件。2.男方起诉时主张款项为借款，后变更为附条件的赠与。由此反映男方在转款时，并未明确以结婚为条件。3.上述款项赠与期间，双方曾同居生活，不排除部分款项用于双方共同生活。而双方在分手后，男方仍向女方转账，应属为联络感情和表达爱意，挽回女方心意，并不能代表以结婚为条件。4.款项金额虽较高，但从现有证据表明，男方个人经济条件较好，上述款项的给付并未超出合理范围。

分析法院的说理，在诉讼策略上，笔者认为男方有些失策，如果一开始就主张赠与，很可能就不会被法院认为"出尔反尔"了。同时女方的辩解有些牵强，男方可以反驳，"联络感情和表达爱意，就是想跟你结婚呀"。此外，男方的经济状况如何，与款项性质没有直接关系。

第四，借贷。恋人之间的借款，和两个普通人之间的借款没有区别。如果有证据证明是借款的，比如有欠条、借款协议，或者双方在微信短信等沟通中表明是借钱，当然要"有借有还"。如果给现金，又没有其他证据，在对方否认的情况下，就很可能无法追回了。

个人之间的借款，没约定利息的，视为没有利息（《民法典》第六百八十条第二款）。夫妻之间的借款，离婚时才能起诉要求偿还。恋人随时可以按照约定要求还钱，不管分手与否。因为是否"分手"，是一种感情状况，法律上无法认定，况且还有藕断丝连、死灰复燃等各种状况。

第五，经营投资。若属于双方共同投资或经营，则按照约定承担亏损或分配利润。如果没有约定，就按照出资比例承担亏损或分配利润。

若属于甲方委托乙方投资或经营，则由甲方承担亏损、享受利润，并按照约定给予乙方劳务报酬或者佣金、中介费。若甲方能证明乙方有故意或重大过失，造成了甲方的损失，甲方可以要求乙方赔偿。乙方相当于是甲方的受托人或行纪人。

二、恋爱期间经济往来的注意事项

第一，日常消费和小额赠与，量力而行，所花掉的钱，分手后是不能要求对方返还的。除非能证明对方是感情骗子、是婚骗，但这种人往往早就溜之大吉，消失在茫茫人海，或者就是身无分文。

第二，大额赠与，对于接受赠与的一方，可以要求签订书面的协议，写明赠与不得撤销，并将协议进行公证。对于赠与的一方，考虑清楚赠与对增进双方感情、促成结婚是否真的有积极作用，保留好出资购买财产的证据。如果分手，应当及时书面要求撤销赠与，以免超过三年诉讼时效。

第三，借钱给恋人，应该签订借款协议或者至少让对方打欠条，写明借款金额、利息和还款期限等，保留好实际将款项借出的证据，比如银行转账记录、微信或支付宝转账记录等，不宜用现金方式。恋人逾期不还，应及时书面要求其还钱，以免超过三年诉讼时效。

第四，共同投资、经营，应签订书面协议或至少有文字约定双方的权利义务，保留好自己出资的证据。整个过程，都应当有证据，比如微信沟通记录或通话记录等。保留好与投资经营相关的证据材料。

第二节　同居财产及子女抚养的处理

同居是指男女双方共同居住在一起，就人身和情感的密切程度而言，同居往往比恋爱更加紧密。在共同生活的过程中，双方共同购置财产、彼此有金钱往来的可能性也更大。但鉴于男女双方没有婚姻关系，同居关系和恋爱关系在法律层面没有本质区别，当事人仅起诉解除同居关系的，法院不受理。涉及同居期间财产分割和子女抚养纠纷的，法院才受理（《最高人民法院关于适用〈中华人民共和国民法典〉婚姻家庭编的解释（一）》第三条）。

一、四种同居的情形

同居分成几种情况，有事实婚姻中的同居；有单身男女恋爱中的同居；有婚姻无效、婚姻被撤销后双方此前的同居；有婚内出轨与他人同居。

第一，事实婚姻，指男女双方以夫妻名义同居，而且在1994年2月1日民政部《婚姻登记管理条例》①公布实施以前，已经符合结婚实质要件的。事实婚姻和经过依法登记的婚姻有同样的法律后果。

第二，正常恋爱同居，双方都没有配偶，我们说的"同居"，一般是指这种。如果没有登记结婚，又不符合上述事实婚姻的构成条件，即使同居了很多年，生了几个娃，或者即使以夫妻名义同居，也不是法律上的"夫妻"。在中国，只有经过合法登记的婚姻，才受法律上的承认和保护。

第三，婚姻被认定无效或者撤销，双方自始不具有夫妻之间的权利义务，双方在此之前的共同生活，在法律上被视为"同居"。同居期间取得的财产，视为共同共有，除非有证据证明是当事人一方所有（《最高人民法院关于适用

---

① 已被《婚姻登记条例》废止。

〈中华人民共和国民法典〉婚姻家庭编的解释（一）》第二十二条）。

婚姻被认定无效或者被撤销后，男女双方如何处理财产，由双方协商。如果双方协商不了，法院根据照顾无过错方的原则来判决（《民法典》第一千零五十四条），对导致婚姻无效或被撤销的过错方少分或不分共同财产，这是对过错方的惩罚，同时也是对无过错方（即受害方）的补偿。

第四，已有配偶者与婚外异性同居，违反了夫妻之间的"忠实"义务，如果双方公然以夫妻名义同居，那么就构成了重婚。《民法典》第一千零五十四条第一款规定，对重婚导致的无效婚姻的财产处理，不得侵害合法婚姻当事人的财产权益。

二、同居生育子女

第一，非婚生子女与婚生子女享有同等的地位和权利。父母对非婚生子女有抚养的义务。非婚生子女的抚养权、抚养费、探视权的处理与婚生子女的相同。

第二，非婚生子女是亲生父母的第一顺位的法定继承人。根据《民法典》继承编的规定，父母子女之间互为第一顺序的法定继承人，此处的"子女"，包括婚生子女、非婚生子女、养子女和有扶养关系的继子女，此处的"父母"，包括生父母、养父母和有扶养关系的继父母。

第三，亲子关系的确认：如果女方能提供证据（比如两人在一起的照片、微信记录、通话记录、书信日记、证人证言，等等），证明自己和男方有恋爱关系或者性关系，证明孩子很有可能是男方的骨肉，而男方否认孩子是自己的骨肉，又拒绝做亲子鉴定，则法院可以推定男方是孩子的父亲。《最高人民法院关于适用〈中华人民共和国民法典〉婚姻家庭编的解释（一）》第三十九条规定，父或者母向人民法院起诉请求否认亲子关系，并已提供必要证据予以证明，另一方没有相反证据又拒绝做亲子鉴定的，人民法院可以认定否认亲子关系一方的主张成立。父或者母以及成年子女起诉请求确认亲子关系，并提供必要证据予以证明，另一方没有相反证据又拒绝做亲子鉴定的，人民法院可以认定确认亲子关系一方的主张成立。

三、同居的财产处理和债务处理

同居男女之间（本小节指单身男女的正常恋爱同居），没有婚姻关系，所以也不发生婚后的财产法定共有，双方共同所得的收入和共同出资购置的财产才是共同财产，双方为共同生产或生活所形成的债权债务才是共同的债权债务。在解除同居关系时，财产和债务按照以下原则来处理。

（一）财产处理

1.同居男女双方对财产有书面协议的，按照协议约定来处理，除非一方有证据证明自己是受到欺诈、胁迫才签订协议的，或者有其他导致约定无效的情形——比如违背公序良俗，剥夺或限制人身自由，损害第三人的利益。

2.法院在处理的时候，会适当照顾无过错方、经济困难方，照顾妇女儿童，体现对弱者的倾斜保护，以达到实质公平。

3.对于一方自愿赠与给对方的财产，参照《民法典》合同编的赠与关系处理。赠与人在赠与财产的权利转移之前（比如房产尚未过户）可以撤销赠与，除非赠与协议经过公证。赠与已经完成的，有以下三种情形之一的，受赠与人严重侵害赠与人或者赠与人近亲属的合法权益；或者对赠与人有扶养义务而不履行；或者不履行赠与合同约定的义务，赠与人可以撤销赠与。

4.如果一方生活困难，患有重疾或者无劳动能力且无生活来源，考虑到双方曾经共同生活，出于情理的考虑，法院可判决另一方给予困难方一次性的经济帮助，具体金额由法院酌定。

（二）债务处理

一方在同居前所负债务，以及同居后与共同生活无关的债务，为其个人债务。同居一方以个人名义对外负债的，首先推定为其个人债务，债权人或者举债方有证据证明用于举债方和同居者共同生活的，为共同债务，同

居双方对此承担连带责任。一方全部偿还或者偿还超过自己应承担的部分，可向另一方追偿。

四、同居风险防范

同居的男女，因为不存在婚姻关系，所以不发生财产法定共有，但实际上双方在共同的生活中，难免会发生经济往来，要保护自己的经济利益，必须注意以下几点：

第一，保留好购物凭证和出资凭证，比如发票、收据、支付记录。尤其是购买不动产及大额的财产，应该参与全过程，在合同和重要文书上签名，并保留全部的凭证和资料。

第二，自己出资购买的财产，比如房产和车辆，尽量登记在自己名下。对于不动产（如住宅、商铺、车位、土地使用权等）和特殊动产（车辆），原则上都是以登记为准，登记的权利人是谁，谁就是物主。

第三，如果接受对方赠与财产，建议双方签订书面协议，写明赠与是不可撤销的，并进行公证。在可能的情况下，尽快履行赠与——动产以交付为标志，比如款项转账、移交物品，不动产以产权变更为标志，比如原业主即赠与人将房屋过户给受赠人。

第四，对财产的归属、占有、使用、支配、利益分享、处置等，对子女抚养、探视和生活安排等事项，进行详细的书面约定。

第三节　婚前财产规划

一、特别需要婚前财产规划的情形

第一，双方或一方为高净值人士：尤其是公司有融资、重组、上市计划的企业主，更要做好婚前财产规划，以免企业主的婚姻变动阻碍公司的发展；

第二，家庭关系较为复杂，有数段婚史：一方或双方是再婚，可能承担着上一段婚姻的债务（支付补偿款给前配偶、偿还房屋贷款），要抚养与前妻（前夫）生育的孩子，经济状况和家庭关系较为复杂；

第三，夕阳红婚姻：老年人结婚，可能各自都有子女，而且因为年事已高，存在医疗费、护理费等各项不确定的开支，对老年人的居住、养老、看护等问题都要作出妥善安排；

第四，双方经济实力、资产情况、收入水平悬殊：对婚前资产进行梳理，明确婚后财产归属和各自的责任，使双方在经济利益上都有所保障；

第五，双方在经济上实行AA①制的：婚后所得财产大部分为法定共有，若双方在婚姻生活中实际上奉行AA制（各自收入归各自所有，各自的开支自行负担），则跟法定夫妻财产制度有所出入，涉及分割时，会对一方或双方不公平；

第六，跨国婚姻：财产和身份涉及不同国家、不同法域，情况复杂，发生纠纷时要耗费加倍的时间、精力和金钱，跨国婚姻的协议要特别考虑管辖权、法律适用的问题；

第七，一方为富二代、企二代，其已经或者将要接管家族企业，或从家族长辈中继承或接受赠与重大资产，必须隔离婚姻风险，保全家族企业的核心资产；

第八，一方或双方债务风险较大，为避免配偶或家庭受到牵连，签订婚前财产协议，即使不能对抗债权人，也可以保障非举债一方在未来对举债方的追索权；

第九，一方从事高危行业，生命安全系数较低，该方应作为被保险人配置大额保险，并做相应的安排，如订立遗嘱，签署意定监护协议；

---

① "AA"制是"Algebraic Average"的缩写，意思是各人平均分担所需费用。

第十，要共同购房或婚后还贷的人士：对购房资金的来源、各自出资比例、各自享有产权的份额、父母出资的性质、还贷的分担等作出明确约定，以免日后发生争议。

二、婚前财产规划的七个策略

策略一：签署婚前协议。拟结婚的男女在登记结婚之前签订书面协议，对财产的归属、保管、使用、支配、收益、处分等各项权能进行详细的约定。可约定的财产包括婚前个人财产、婚后所得财产、婚前个人财产在婚后产生的收益等，只要是属于自己的财产或财产份额，都有权约定（不能处置他人的财产）。从效力到形式、内容，婚前财产约定和婚后财产约定没有本质区别，只是签订的时间节点不同，一个在结婚登记前，一个在结婚登记后。

策略二：婚前全资购房。结婚登记前某方一次性出资购买、登记在该方名下，婚后不存在还贷的房屋属于该方的个人财产。如果经济实力允许，采取这种方式购房，房屋的产权是最清晰的，属于购买方（即登记产权人）的婚前个人财产，即使日后离婚，对方也无权分割（除非双方约定对方对该房屋有份额），避免发生纠纷。

策略三：婚前大额保单配置。比如说甲打算结婚，可由甲的父或母作为投保人，甲作为被保险人，指定受益人为甲的父或母（如果是结婚后，采取这种方式购买保险产品，还可指定甲的子女作为受益人），甲的父或母缴纳保费。在这种情况下，万一甲日后离婚，该保单不会被分割（除非甲的配偶能证明保费是以夫妻共同财产缴纳的）。

策略四：婚前处置财产。对于某些婚姻风险高、离婚成本高的人士，可在婚前处置一些财产，比如采取赠与、出售、代持、信托的方式，将这些财产从个人名下剥离出去。婚前将财产处置妥当，还可以防止婚后混同成共同财产，以及婚后收益被分割。

对于股权，可以采取以下几种方式：委托他人代持；设立信托；直接持股但不参与实际经营管理；签订婚前协议约定股权、股权收益属于个人财产。

需要特别提醒的是，委托他人代持存在一定风险，请参阅本书相关章节，并采取必要的防范措施。

策略五：婚前接受赠与财产。在结婚登记前，一方父母赠与房屋、车辆等财产，将财产过户到该方名下，且婚后不存在还贷（房贷、车贷），或将动产赠与交付给子女（要能证明是在婚前交付的），这种情况下，财产属于婚前个人财产。如果是婚后父母赠与财产，则父母必须做出特定的意思表示（父母出具书面声明，或与子女签订书面协议），指定只赠与自己子女，才是属于子女的个人财产。

策略六：订立遗嘱。如果觉得有必要的话，比如结婚时年龄较大，或者是复婚、再婚的情况，等等，在登记结婚前可以订立遗嘱，对个人财产（包括婚前个人财产、夫妻共有财产中的个人部分、家庭共有财产中的个人部分）进行安排，做好身后定向传承等。当然，婚后也可以订立或修改遗嘱。遗嘱是处理个人财产的单方声明，体现个人意愿，可以随时订立或修改。

策略七：签署意定监护协议。对于成年人，如果有行为能力缺陷（无民事行为能力或限制民事行为能力），法定监护人的顺序是：第一顺序配偶，第二顺序父母及子女，第三顺序其他亲属。

对于已婚人士，万一不幸发生意外事故，全部丧失或部分丧失行为能力，配偶就成为其第一顺序的法定监护人，如果想让其他人担任自己的监护人，本人（前提是拥有完全民事行为能力）可以事先指定自己的监护人，本人和意定监护人签署意定监护协议。意定监护人，可以是法定监护人，也可以是法定监护人之外的人。本人可以指定两名或以上的人作为意定监护人，明确其各自的职责即可。

三、婚前（婚内）协议的生效要件

第一，双方是完全民事行为能力人，即心智正常、意识清醒的成年人。若夫妻在订立协议时，是完全民事行为能力人，后来一方或双方丧失全部或部分民事行为能力，此前已经订立的协议效力不受影响。反过来，夫妻在订立协议时，一方或双方的行为能力有缺陷，协议是无效的。如果后来恢复正常，其可以追认协议的内容，也可以否认协议的内容。

第二，双方的意思表示真实、自由，不存在欺诈、胁迫。若一方能提供充分的证据，证明自己签订协议（或协议中的部分内容）是被欺诈或胁迫，可请求法院予以撤销或变更。

第三，必须采取书面形式。对于一般的合同，可以采用口头、书面、电子等多种形式。而婚姻协议，必须采取书面形式，否则不具备法律效力。从诉讼举证的角度，书面形式也有利于查明事实，公平维护双方当事人的权益。

第四，不能损害其他人的合法权益，不能违背公序良俗，不能违反法律、行政法规的强制性规定。民事活动应当遵循诚实信用原则、尊重社会公德、遵守国家政策、不得损害社会公共利益。

第五，在协议中不能免除法定义务，不能限制基本的人身自由，不能违背公序良俗。比如约定一方患病，自行承担医疗费用，这种免除夫妻间扶助义务的约定无效。比如约定女方必须生育多少个孩子、不能出去工作，或者对方不能提出离婚或离婚后不得再婚，否则就丧失某些财产或孩子的抚养权，这种限制人身自由、离婚自由的约定是无效的。

四、婚前（婚内）协议的签订注意事项

第一，根据情况需要，对财产进行详细的约定。可具体约定婚后所得哪些是共有，哪些是个人所有，哪些是按比例所有；可具体约定婚前财产在婚后是否转化、如何转化，以及婚前财产在婚后产生的收益是否属于共有、如何分配。

一方或双方名下有股权的，可约定一方在婚前或婚后取得的股权及分红，对方是否享有份额以及具体比例，约定对方是否享有企业的经营管理权、表决权等股权人身权利。

第二，静态的财产归属和动态的财产管理相结合，考虑财产形态转化

以及财产在婚内产生的收益问题。不仅约定财产的归属（归哪一方个人所有，或者双方共有，或者部分共有、部分个人所有等），还约定财产的占有、使用、管理、收益以及处分事项下双方具体的权利义务。

比如，对一方婚前名下的公司股权，仅约定属于该方个人财产是远远不够的，还应考虑在婚姻关系存续期间一方对所持有的股权进行增资、扩股后股权归属是否发生变化，以及在婚姻关系存续期间企业的股份分红等收益的归属；此外，还应考虑到因经营企业发生亏损、所负债务由谁承担的问题。[1]

第三，如果双方之间或一方和对方的近亲属之间存在借款、共同投资等经济往来，可在婚前协议或婚内协议约定如何处理，也可以由一方和对方亲属签订协议。

第四，在协议中尽量不要把财产内容和过错挂钩，且避免出现"净身出户"等类似表述。因为忠诚协议是否有效存在较大争议，且即使一方有过错，法律也不会剥夺其基本的生存权。让对方净身出户或巨额赔偿，如导致其无法维持生活或无法履行法定义务（比如赡养、抚养义务），或侵害了第三人（比如债权人）的利益，则相关的约定无效或部分无效。

第五，不要涉及他人的财产，涉及他人财产的内容无效。需要考虑财产是否涉及其他主体。例如：登记在一方家庭成员名下的房产，或者一方与家庭成员共有的财产，需要该家庭成员出具书面文件，对财产的归属进行确认，或者先进行析产。

第六，涉及财产过户的，尽快履行。一方在协议中承诺，婚后将其个人所有的房产变更为夫妻共同共有时，有时会出现尚未实际办理过户，一方主张撤销赠与的情形。为防止上述情况的发生，建议在签订相关协议时，明确约定办理变更登记的条件或时间。在条件或时间成就时，及时办理变更登记。

第七，避免出现"赠与"字眼，写明是双方的"特别约定"，双方均不可撤销、不可变更。"夫妻房产赠与合同中放弃任意撤销权的约定有效。受赠人据此请求继续履行赠与合同的，即使赠与房产未经公证，人民法院也

---

[1] 李小非：《私人财富保护与传承的法律智慧》，中国法制出版社 2019 年版，第 144 页。

应予以支持。"①

第八，尽量办理公证。公证并非婚前协议、婚内协议的生效要件，但建议尽量办理公证，原因有三点：1.公证处会核实双方的身份情况，公证员见证双方在协议上签名，公证书中对此会作出证明；2.公证处会对财产情况、双方是否自愿、是否具有民事行为能力等核查清楚，并会留存相关证据和档案，经过公证的协议被认定无效的概率大大降低；3.经过公证的财产赠与，赠与方不能随意撤销。

第四节　彩礼和嫁妆

男方支付彩礼，女方准备嫁妆，都是中国民间嫁娶中的习俗。在某些地区，高额的彩礼和嫁妆让人背上沉重的负担，还因此引发了一些纠纷。

有个案例，男女双方离婚后，男方主张女方在婚礼上佩戴的首饰为夫妻共同财产，要求分割，并提交了婚礼当天的图片，婚礼图片显示女方佩戴着这些首饰。一审法院经审理认为，动产以交付为所有权转移标志，女方在婚礼上才佩戴这些首饰（双方是先登记结婚，然后再举行婚礼），所以，这些首饰属于婚后赠与，一方在婚后接受的赠与，属于夫妻双方接受赠与。一审法院判决女方将相当于这些首饰一半价值的款项补偿给男方，二审法院维持原判。②

从情理上来说，通常人们会认为，女方在出嫁时佩戴的金银首饰是属

---

① 最高人民法院民事审判第一庭：《最高人民法院民法典婚姻家庭编司法解释（一）理解与适用》，人民法院出版社 2021 年版，第 311 页。

② 一审：广州市海珠区人民法院（2021）粤 0105 民初 843 号，二审：广州市中级人民法院（2021）粤 01 民终 31309 号，载中国裁判文书网，https://wenshu.court.gov.cn/website/wenshu/181107ANFZ0BXSK4/index.html?docId=BhA0RJ6OxBJWCOYL10F+MaOFR71VlZyXvnAQDYUD/fZrJCdqC8XrHZ/dgBYosE2gdxxU6zBdRlob72HzP8NzcyN05NRB6QgWvb77MR4zDn4YJmnys3XFQjtp8Pa3If1u，最后访问日期：2023 年 6 月 2 日。

于双方亲友赠送给女方的。女方亲友赠送的金银首饰，主观上可推定只愿意给女方一个人，男方亲友赠送的金银首饰，在人们朴素的观念里，相当于彩礼，也是送给女方的。本案中，法院的判定依据是财产取得的时间点，婚后所得原则上属于夫妻共同财产。如何避免出现这种人们的认知与法律的认定背道而驰，减少纠纷，避免遭受损失，需要我们对彩礼和嫁妆的性质进行了解。

一、彩礼

（一）彩礼的法律认定和种类

彩礼在法律上是"以结婚为目的"的"赠与"。彩礼分为：男方直接给女方，男方给女方家人，男方家人给女方，男方家人给女方家人四种。无论是哪一种，彩礼本质上都是男方（或男方家人）对女方（或女方家人）的赠与。

恋爱期间，男方给女方买礼物发红包，如果被认定为是希望维系或促进双方感情的一般性赠与，男方无权要求返回。

如果被认定为是以结婚为目的的赠与（相当于彩礼），结婚不成，男方有权要求返还。至于这种主观目的怎么认定，要根据个案的具体情况而定。比如购买的是婚戒、龙凤镯子；双方举办订婚仪式、拍摄婚纱照；双方有谈婚论嫁的意思表达，应认定为打算结婚。另外，金额越大，被认定为"以结婚为目的"可能性也越大，这是从公平角度出发。

（二）男方有权要求返还彩礼的三种情形

根据《最高人民法院关于适用〈中华人民共和国民法典〉婚姻家庭编的解释（一）》第五条第一款，存在以下三种情形之一，男方有权要求女方返还彩礼：

1.双方未办理结婚登记手续；

2.双方办理结婚登记手续但确未共同生活，双方离婚；

3.婚前给付并导致给付人生活困难，双方离婚。

（三）关于彩礼的注意事项

1.男方不建议以现金支付大笔彩礼。

男方要求返还彩礼的，除了要符合法定的情形，还要证明彩礼的存在及多少。以现金支付的，包括大笔的彩礼以及红包（改口费、下跪斟茶等仪式时给的红包），如果女方不承认，很难证明。所以大笔的礼金，应以银行转账或电子转账（微信、支付宝）的形式支付，可以取得相应证据。

2.对于实物彩礼，建议男方保留好购买凭证和交付给女方的证明。

实物支付的，比如金银珠宝，除要保留好购物的凭证如发票收据，还要保留好交付给女方的证明，比如微信文字记录、婚礼照片等。如果彩礼特别多，特别贵重，甚至可以列清单，让女方签收。

3.实物彩礼，保管人掌握主动权。

实物彩礼，由谁来保管，这点非常重要。动产以交付为所有权转移的标志。如果彩礼由男方或男方家人保管，日后又不肯交出来，女方很难证明这些东西的存在。即使能够证明，男方也可以反悔（实际交付之前，赠与人可以撤回赠与）。

4.建议女方在结婚登记前收取彩礼。

有些人先收彩礼再摆酒，最后结婚登记，这样彩礼很明确是婚前个人财产。有些人先领证，再摆酒，摆酒前才给彩礼。女方收到彩礼时，双方已经是夫妻了。婚后一方接受赠与的财产，除非赠与人明确表示只给一方，否则都是夫妻共同财产。当双方闹矛盾，男方家长一般不会说彩礼只给女方一个人，彩礼会被认定为夫妻共同财产。而按照风俗，彩礼是给女方的。

二、嫁妆

（一）嫁妆在法律上如何认定，有两个原则：

第一，结婚登记前父母给女儿的嫁妆，为女儿的个人财产。结婚登记后父母给女儿的嫁妆，除非女方父母明确表示只给女儿，否则是夫妻共有。

第二，女方父母出资购买的财产，如果登记在男方名下，或者登记在男女双方名下，则是男女双方的共同财产。

（二）七种常见的嫁妆：钱款、动产（金银首饰字画古董）、车辆、房屋、家具电器、装修款、保单。

第一，钱款：给现金的情况下，有时无法证明具体金额，且容易在过日子中被混同。

第二，动产：有些情况下难以证明，包括具体的数量、价值等。

第三，车辆：损耗大、贬值快。如果女儿没有驾照或购车资格，只能登记在男方名下，变成男女双方的共同财产。

第四，房屋：房屋的所有权归属，取决于购房时间、产权登记、有无婚后还贷、有无特别约定等因素。最明确的一种，是婚前父母全额出资购买，登记在自己子女一方名下，就肯定是子女的个人房产。

第五，家具电器：损耗大、贬值快，离婚时往往没有分割的必要了。

第六，装修款：女方或女方父母掏的装修款再多，也改变不了房屋的所有权，而且通常房屋不断升值，装修却是不断贬值的。装修与房屋连为一体，离婚时不好分割。装修的支出凭证，往往很难找全。装修的折旧或者占房屋现值的比例，要经过评估，会耗费不少时间和评估费。总之，女方或女方父母装修，真是出钱出力，又不讨好。

第七，保单：父母为子女购买保险，由父母作为投保人，子女作为被保险人。保单是一种新型的嫁妆，鉴于保险合同的独立性，能起到较好的资产隔离效果。具体操作见下文。

（三）女方及父母置办嫁妆的注意事项

第一，如果不愿意与男方共有嫁妆，则应该在双方结婚登记前给女儿置办好嫁妆，且房屋和车辆等不要登记在男方名下。

第二，七种形式的嫁妆各有利弊，可根据具体情况进行选择或组合。

第三，建议父母不要给现金，要银行转账，注明款项性质，在女方名下专门的银行账户保管，使用该笔资金时，也有清晰的去向记录。

第四，无论是什么形式的财产，都要保留好出资证据、财产的凭证。对于动产，可以列出清单，让男女双方以书面的形式确认。

第五，如果是结婚登记前，父母给的嫁妆是现金，但是女儿用于购买

房产，并且写了男方的名字，那么也视为男女双方的夫妻共同房产。法律上可以理解为，父母赠与女儿，女儿又赠与男方（登记为共同共有或按份共有的房产的行为视为女方赠与男方）。

第六，父母在婚前赠送给儿子或女儿的房屋、股权，是属于子女一方的婚前个人财产，但是其增值部分，在婚后有可能会被认定为共有财产。终极的解决方案是签订婚前协议或婚内协议，作出明确约定。

第七，父母为子女购买保单的，如果不希望子女的配偶分割保险金，就必须指定受益人。

生存受益人：在保险合同中指定子女本人为生存受益人，同时父母写书面声明或者父母与子女书面约定该生存保险金只赠与子女，是子女的个人财产。

身故受益人：在保险合同中指定为父母或子女的子女。在保险合同没有指定的情况下，被保险人也就是子女可以订立遗嘱，指定保险金由谁继承（最好在保险合同中明确指定）。

第五节　婚内四大财产风险与十大对策

一、婚姻中的四大财产风险

第一，配偶隐瞒财产。有些人为了刻意规避财产的法定共有——婚后所得的法定共有、婚前个人财产婚后收益的法定共有（孳息和自然增值除外），不惜隐瞒、转移财产。

若夫妻感情好，在金钱上都不计较，遵守共同制订的规则，以相对公平的方式分担家庭开支，平等协商家庭事务，形成利益共同体，发挥合力，可谓二人同心，其利断金。

但是，当两人感情疏离，金钱观及生活方式差异巨大，实际上奉行财产AA制，或是经济能力悬殊，对家庭的付出不对等，法定共有财产很有可能就让一方或双方觉得不公平，激发严重的被剥削感，于是其中一方便会想方设法钻空子规避财产共有，以免离婚分割，白白便宜对方。

"小金库""私房钱"，异地购房、隐形股东等各种方式都是小儿科。心存芥蒂乃至名存实亡的夫妻，会大玩财产"躲猫猫"。有些人甚至会把钱私下转给父母或兄弟姐妹，以亲友的名义投资或购房，更是增加了配偶查证的难度。

第二，配偶转移财产。现金是相对最容易被转移的，从法律上来说，现金是"种类物"，不是"特定物"。如果完全采用现金交易（或者将存款直接取出），不留下任何痕迹，那么几乎无法追踪款项的去处。

房产在理论上不太容易转移，但实践中房屋管理部门一般难以对房产是否属于夫妻共同财产进行严格审查，登记的产权人一个人就可以将房产过户给其他人。如果构成善意取得，则配偶无法主张买卖合同无效，无法追回房屋。售房款项又往往容易被擅自处分的一方挥霍或者转移，配偶的损失很难得到弥补。中国目前尚未建立夫妻婚内侵权赔偿制度，追偿必须以离婚为前提。《最高人民法院关于适用〈中华人民共和国民法典〉婚姻家庭编的解释（一）》第二十八条规定，一方未经另一方同意出售夫妻共同所有的房屋，第三人善意购买、支付合理对价并已办理不动产登记，另一方主张追回该房屋的，人民法院不予支持。夫妻一方擅自处分共同所有的房屋造成另一方损失，离婚时另一方请求赔偿损失的，人民法院应予支持。

第三，背上夫妻共同债务。如果说被隐瞒和转移的财产，就是一座座埋藏在深海的冰山，要潜下去寻寻觅觅，那么夫妻共同债务就像一个个不定时炸弹，随时随地可能爆炸，让人猝不及防、血肉模糊。

家庭是最小的经济单位，经济功能是婚姻生活的重要内容，而随着经济的不断发展，夫妻双方对外交易日益频繁，方式日益复杂多元。一方在婚姻存续期间发生的债务，首先被推定为共同债务（除非能证明属于一方的个人债务）。这对婚姻中的财产安全构成了很大的潜在威胁。

第四，婚前个人财产的婚后混同。如果说前面三项婚姻中的财产风险，

配偶可能存在恶意或者过错，那么这个"混同"很可能是当事人自己缺乏风险意识，稀里糊涂地将财产拱手相让。

婚前个人财产的婚后混同，最常见的有以下几种情形：婚后将婚前个人房产出售，用取得的款项，购置了其他房产或财产，但没有保存好关于资金的来源和去向的证据，在诉讼中无法证明新购置的房产或财产（全部或部分）是自己婚前个人财产转化而来，新房产或财产被作为共同财产平均分割；婚前个人银行存款账户、股票基金账户内的款项在婚后频繁出入，无法区分哪些是个人财产，哪些是婚后共同财产，或该款项用于婚后的开支或者婚后购置财产。

二、维护婚内财产安全的十大策略

策略一：掌握配偶的情况。

离婚诉讼相当于打仗，知己知彼，方能百战不殆。但笔者在工作中诧异地发现，很多当事人对配偶的经济状况知之甚少。在中国，对一个人的财产状况进行正规合法的调查途径不多（涉及个人隐私的保护），很多当事人提供不了线索，法院也难以进行全方位调查。所以，平时留心掌握配偶的经济状况，就特别重要了。

掌握配偶的工作情况和经济情况，应保存好相应的证据。对于房屋和车辆，要保存房产证、购房合同及发票、行驶证、购车协议等原件（至少有复印件或者电子照片）。对于配偶的银行卡、存折、理财产品的资料，最好保存复印件或者拍照保存电子版。对于配偶的工作单位、开设的公司，起码要知道正确的全称，如有劳动合同、个人所得税缴纳记录、公司的营业执照等复印件就更好。

特别提示：夫妻在日常生活中就应当留心收集上述资料，否则等到夫妻感情恶化，就会互相戒备，甚至分居，此时很难顺利拿到证据。

策略二：对财产进行约定。

婚前或婚内对财产进行约定，注意必须采用书面形式，对自己有利的，不要提及离婚字眼，以防在诉讼中被推翻。夫妻之间的"借款"采取书面形式，明确约定借款的金额、还款期限和利息等事项，这样离婚时才能主张。

第一，男女双方在婚前或者婚后，可以签订书面协议约定财产的处理，该约定优先于法定。双方对属于自己的个人财产、属于夫妻的共同财产，可以任意约定，但无权处分第三人的财产。对没有约定的财产，仍然适用法定财产制。对于标的额大或者不能立即履行的约定（比如房屋尚有贷款，不能办理除名或加名等），建议进行公证，以免日后发生争议。另外，若双方签订的为离婚协议，但未能办理离婚登记，则在诉讼中一方可以反悔，该离婚协议的财产约定无效，故建议不要在协议的标题或内容中出现离婚字眼或离婚的意思表示。

特别提示：协议是夫妻改变法定财产共同制的唯一途径。

第二，夫妻可以签订忠诚协议，约定在一方出轨时赔偿对方的金额或者财产的处理。法律没有明文规定忠诚协议的效力，未违反公序良俗和法律禁止性规定，未侵犯他人合法权益，又具有合理性和可操作性的，才能得到法律的支持。若剥夺法定的人身权利义务，会被认定为无效，若违约责任畸高，过错方有权要求适当调低。

第三，夫妻之间借款，建议签订书面借款协议，视为对财产的特别约定，离婚时可按约定处理，要求对方偿还。

策略三：财产约定及时履行。

若夫妻协议将一方个人财产转化为双方共有财产，或者将双方共有财产转化为一方个人财产，建议立即办理登记过户（如房产、车辆）或交付、转账（如现金等动产），以免日后引起纠纷，尤其是房产。

特别提示：在中国，不动产的权属以登记为准，双方涉及房产的约定，应尽快办理相应的加名、除名或更名的过户手续。若双方只是书面约定而未到房屋管理部门办理变更登记，则不能对抗善意第三人，法律保护第三人信赖房屋登记公示公信力的利益。

策略四：父母传承财产做特别意思表示。

父母赠与财产，书面指定只给自己子女，或父母在遗嘱中指定由子女继承，与子女配偶无关。父母出资为子女购房，做好书面约定，保留好出资证据。

要注意三点：第一，"父母出资"，必须能证明购房的资金来源于父母，从证据的角度，建议购房款由父母的账户直接支付给卖方，保存好转账记录和相应的收据、发票；第二，"登记在出资人子女名下"，若登记在配偶的名下或者配偶为产权人之一，则无论婚前婚后，此时父母的出资可能会被认定为部分赠与给子女的配偶；第三，父母和子女（子女配偶）签订赠与合同或借款合同，明确父母出资的性质。如果是赠与，明确是只赠与子女，还是赠与子女及子女配偶双方。如果是借款，是属于子女的个人债务，还是子女及子女配偶的共同债务。

策略五：个人财产的固化。

2001年《婚姻法》修订后，已经废除了原婚姻法中婚前个人财产经过一定年限后转化为共同财产的规定。除非夫妻另有约定，否则婚前的个人财产永远属于个人财产。但有一点要注意，若婚前个人财产在婚后发生形式上的变化，必须保留相关的证据，以免被混同为共有财产。

比如说，婚前的存款和现金，婚后转到对方名下或联名的账户，或者婚后将婚前个人房产出售，将款项用于共同购房，建议保留资金走向的证据，如银行转账记录、取款记录。最好夫妻签订协议，写明资金的来源和各自对新购置财产拥有的份额（在此情况下，如无约定，离婚分割时，有些法官也会考虑资金来源，适当倾斜）。或者约定个人财产在婚后收益的归属，如无约定，除了自然增值和孳息，均为共同财产。

策略六：订立遗嘱或购买保险。

夫妻互为第一顺序的法定继承人。若没有订立遗嘱，一方去世后，配偶有权继承逝者的个人财产及逝者在共有财产中享有的份额（逝者的配偶、父母和子女对遗产享有均等的份额）。

每个人都可以通过订立遗嘱，对自己的遗产进行合理分配，尤其是保障老人和孩子的经济需要。因为迷信，害怕立遗嘱不吉利，很多人都不愿意订立遗嘱，导致了身后的纷纷扰扰。其实遗嘱是一个人对自己的财产所做的安排，非常灵活和自由。对于那些感情不好，又不愿意离婚，更无法达成协议的夫妻，算是一种消极的救济。

特别提示：为避免出现纠纷，建议立遗嘱人最好进行遗嘱公证，让遗嘱继承能顺利落实。

夫或妻可以为自己投保，指定受益人。在保险合同中指定了受益人，身故保险金不属于遗产，而是由指定的受益人享有，保证了投保人和被保险人按照自己的意愿来安排财产。保险胜在节省税费，免除还债责任（通常情况下）、保密性强、快捷方便。此外，根据《民法典》第一千零六十三条第二项的规定，夫或妻一方因受伤或疾病获得的保险理赔金，具有人身属性，为个人财产，即使离婚，对方也无权要求分割。

策略七：婚内分割财产。

《民法典》第一千零六十六条规定，在两种特殊情况下可以要求婚内分割共同财产，即一方严重损害夫妻共同财产或者一方有扶养义务的人患重大疾病，对方不肯支付医疗费用，前提是不能侵犯债权人利益，这是为防止夫妻串通，以财产分割来逃避债务。

特别提示：如果出现了法定的两种情形之一，建议尽快起诉要求婚内分割。

《民法典》第一千零六十六条规定，婚姻关系存续期间，有下列情形之一的，夫妻一方可以向人民法院请求分割共同财产：（一）一方有隐藏、转移、变卖、毁损、挥霍夫妻共同财产或者伪造夫妻共同债务等严重损害夫妻共同财产利益的行为；（二）一方负有法定扶养义务的人患重大疾病需要医治，另一方不同意支付相关医疗费用。

策略八：债务抗辩。

婚姻中最大的财产风险，还不是财产的减少，而是债务的增加，尤其是不确定甚至一方不知情的负债，会把人拖进无底的深渊。若债务被认定为共同债务，则夫妻共同财产、夫或妻的个人财产都要对此债务承担连带责任。

债权人起诉夫妻一方追债，另一方最好加入诉讼提出抗辩，尤其是债权人主张为夫妻共同债务时。在执行程序中，非被执行人的配偶可提出异

议，异议被驳回，可申请再审或另行起诉。关于夫妻债务的抗辩，详见本书相关章节。

策略九：分居或经济独立的对策。

保留好分居的证据，比如说租房合同、交水电物业管理费的证明，诉讼中让物业管理公司或居委会出具居住证明，以证明夫妻双方已经没有共同生活，从而推定配偶所负债务没有用于家庭生活，避免承担连带责任。

事实上实施AA制的夫妻，建议签订婚内财产协议，约定财产和债务都归各自所有，不发生共有。在一方进行借款或重大交易时，合同写明交易的权利义务责任与一方的配偶无关，即与合同对方明确约定因合同产生的债务为个人债务。

策略十：查封、撤销、追讨。

发现配偶转移财产，立即进行异议登记，及时起诉，申请查封，要求追回及分割财产，要求对方赔偿。

查封：配偶有转移财产的行为或可能，在提起离婚的同时或诉讼中，申请法院查封房产、车辆或对方账户。

撤销：对于日常事务，夫妻互有家事代理权。对于重大的财产处分（何谓重大，法律没有明确界定），若一方未经对方同意，对方有权主张处分无效，予以撤销，但相对人若构成善意取得，则受损方只能在离婚时向擅自处分方追偿。

追讨：离婚后发现有尚未分割的财产，或者对方转移隐瞒的财产，可起诉要求分割。

第六节　再婚与复婚

随着婚姻的自由度越来越高，大众对各种生活模式的接受度也越来高。离婚后再婚，尤其带着原来的孩子形成"组合家庭"，在心理和现实的层面都要经历很多的困难和挑战，需要两个成熟的男女共同商量和努力。

离婚时，要处理感情、子女和财产三大板块。复婚再婚时，同样要把这三大板块考虑清楚，妥善处理，避免对自己和别人的伤害。

再婚家庭涉及再婚夫妻、前夫（前妻）、与前夫（前妻）的孩子、再婚后生育的孩子，关系可能错综复杂，需要有智慧和勇气去理顺。

男女双方如果没有对子女抚养、经济承担等现实问题达成共识，就匆忙结合，日后一旦水火不容，会给自己增添许多烦恼，使自己陷入进退维谷的境地。本节从法律的角度为复婚再婚人士提供一些风险防范策略。

一、再婚复婚的注意事项

第一，再婚复婚前，一定要弄清楚对方各方面的状况，包括财产、债务、职业、收入，尤其是有无大额负债，有无不良嗜好。

第二，再婚复婚和初婚一样，必须依法办理结婚登记手续，否则不产生婚姻的效力。我国的婚姻实行严格的登记制度，若没有进行合法登记，即使符合结婚的全部实质条件，也不产生婚姻的效力。离婚后双方若未办理复婚手续就同居在一起，也不是法律上的夫妻。

第三，再婚复婚前处理好财产事项：如前一次离婚的财产分割、债务承担、款项支付（如经济补偿、过错赔偿款、借款等）尚未完成、一方应付的抚养费尚未付清，这些事项最好在再婚复婚前完成，或有妥善安排，以免影响婚后生活。

第四，再婚复婚前进行书面约定：对前一次婚姻的遗留问题如何解决进行约定，双方之间就财产债务、子女事项、生活安排进行约定。

特别注意：复婚，前一次离婚时分割到的财产，前一次离婚后到复婚前取得的财产，属于个人财产，不因复婚而转化为共同财产，除非双方复婚时有特别约定。

二、复婚的法律后果

第一，复婚时，离婚协议或法律关于双方离婚的判决书、调解书（以下统一简称原离婚法律文书）是否仍然有效，已经履行的，能否要求返还或恢复原状，尚未履行的，能否要求强制执行，我们对这些问题进行探讨。

1.感情：原离婚法律文书关于"双方解除夫妻关系"的内容，因双方复婚而当然失效。

2.亲子关系：关于孩子的抚养权、抚养费和探视权，因为双方已经复婚，所以之前离婚时关于孩子的约定包括一方对孩子的携带抚养权和另一方对孩子的探视权自动失效，夫妻应该按照实际情况以及孩子的最大利益来重新进行安排。复婚后，双方和正常婚姻中父母对孩子的抚养与监护是一样的。若一方不支付孩子的抚养费，另一方以孩子名义起诉时，不能依据原离婚法律文书的约定或认定。在这种情形下，法院根据起诉时孩子的实际需要、父母的收入、孩子居住地经济发展水平三个因素，综合判定抚养费的金额。

3.经济纠葛：原离婚法律文书中关于夫妻间借款返还、过错损害赔偿、困难帮助、家务补偿的内容，已经履行的，支付的一方无权要求返还或恢复原状，且领受的一方因此获得的财产，为其复婚前的个人财产。尚未履行的，复婚后能否强制要求履行，法律没有明确规定。

4.财产处理：在双方离婚时所分割的财产，以及离婚后至复婚前所取得的财产，属于复婚前的个人财产，不因复婚而转化为共有财产。婚前个人财产在复婚后产生的收益，自然增值和孳息属于个人财产，其他的收益，属于夫妻共同财产。

若复婚双方协商一致，对财产作出重新处理（包括有书面的约定，或者虽无书面约定但两人已共同实际处理，或者一人已实际处理，另外一人默认不追究），只要不损害第三人的利益，法律不会禁止，因为中国夫妻财产制约定优先于法定。

5.债务承担：相应地，离婚时确定的个人债务或者共同债务的分担比例、方式，不因复婚而改变，这是前一次婚姻结束时的约定或法律认定，双方复婚后仍按照原来的处理，不能损害债权人的利益。

假设因为复婚，而将之前的个人债务又转化为共同债务，对于复婚的双方都不公平。若债权人能证明双方是假离婚又复婚来逃避债务，或者是一方将离婚后至复婚前的借款（或借款所产生的收益）投入复婚后的家庭生活，那么复婚双方必须对债务承担连带责任。

第二，复婚后再次离婚：不能适用前一次的离婚协议或离婚判决书、调解书，因双方又一次经历了婚姻生活，无论是孩子的抚养，还是财产的分割，必须根据第二次离婚时的实际情况来进行协商或者进行法律上的认定及处理。

第三，离婚后曾与他人结婚，之后再复婚：离婚后一方或双方与其他人结婚又离婚，或丧偶，然后双方复婚的，情况会更加复杂。前两次婚姻中遗留的问题，都有可能带进来。处理的原则同上，仍然是每次婚姻都是互相独立的法律关系。如无特别约定，婚前的财产和债务都是个人财产和个人债务，不因复婚发生转化。

第四，给复婚夫妇的建议：破镜重圆，确实不易，更要珍惜。复婚虽然是和同一个人再次结婚，但因为双方经历了离婚，甚至还可能经历了和其他人的婚姻，现实情况和内心感受都发生了极大变化，更为复杂，需要双方更加谨慎和坦诚地处理。建议复婚前，双方签订书面协议，对财产和债务进行详细约定，如有需要，可实际妥善处置好再复婚，尽量避免复婚后发生纠纷，悲剧重演。

三、再婚夫妻的财产关系处理

第一，尽量和前妻或前夫在财产上划清界限，不要有财产纠葛和经济往来（除了对方支付小孩的抚养费）。股权和房产等财产尚未分割的，尽快协商处理，协商不成就尽快起诉。

第二，有必要的话，再婚夫妻可以签订婚前（婚内）财产协议，并进

行公证。对于再婚前的财产，以及再婚后分得的前一次婚姻的财产、再婚后承担的前一次婚姻的债务等如何认定和处置进行详细约定。若再婚后有可能被债权人或者前妻、前夫追讨前一次婚姻的债务，可和现任的妻子或丈夫提前做书面财产约定，或者将财产提前作出安排，是为了避免被法院认定为刻意转移财产或逃避债务。

第三，一方可以订立遗嘱，写明去世后，属于自己的财产由自己的子女继承，对方无权继承。双方还可以订立共同遗嘱，写明各自的财产由各自的子女继承，双方均不继承对方财产。用协议加遗嘱的方式，尽量简化法律关系、减少家庭纠纷。

第四，一方或双方可以购买保险产品，指定受益人，保障特定家庭成员的利益。保险理赔金不属于遗产，由保险合同中的受益人取得（投保人可以在保险合同中指定受益人）。

四、继父母和继子女之间的权利义务

第一，在法律上，继父母对未成年继子女没有强制性的抚养义务。如果双方生活在一起，则继父母对未成年继子女有教育、保护的义务。

第二，从法律和伦理道德的角度，成年继子女对抚养自己长大的继父母有赡养的义务。

第三，继父母和继子女之间的继承权：如果继父母和未成年的继子女共同生活，继父母对继子女进行了抚养教育，则双方之间具有法律上父母子女的权利义务，相互有继承权，是彼此第一顺序的法定继承人。重点提示：继父母和受其抚养教育的继子女之间才具有法律上的父母子女的权利义务。

五、老年人再婚的风险防范

对于老年人，再婚就更复杂了，要考虑的事情就更多了。虽然法律明确规定了子女不得干涉父母的离婚、再婚，但这是针对人身权利和自由而言。

在现实生活中，父母还是要尽量争取子女的理解和支持，尤其在子女成年、父母年迈的情况下。老年人再婚要特别谨慎，处理好以下几方面的问题。

第一，处理好财产问题。可约定婚后各自的退休金如何支配，可将婚前财产列出并明确是个人财产，可约定婚后财产归各自所有，或者部分各自所有。

第二，处理好继承问题。鉴于再婚的老人年纪较大，应订立好遗嘱，或对财产进行相应处置（变现或者以买卖、赠与的形式直接传给后辈），以免以后产生纠纷。有的再婚老人会明确约定彼此不发生继承，或通过遗嘱排除配偶的继承权，并明确配偶的子女无权继承。按照法律的规定，老人和再婚配偶的子女之间不存在血缘关系和抚养教育关系，本身就并非彼此的法定继承人。

第三，处理好日常居住和赡养的问题。可约定再婚后居住在哪里，自己与再婚配偶居住在哪里，是否与一方子女共同居住。两位老人的日常生活由谁照料，生活费由谁承担。

第四，处理好护理和治病的问题。可约定清楚医疗费、保姆费、护理费由谁承担。可约定老年人需要护理时，第一护理人是老伴儿，第二护理人是老人自己的子女，对方子女没有护理义务。相应地，在一方患病或发生意外时，医疗费和其他费用的承担顺序：第一是患病者本人，第二是其亲生子女，第三才是再婚的老伴儿。对方子女没有支付的义务。

第五，处理好养老送终的问题。可约定只承担自己父亲或母亲的养老送终，不承担父或母再婚配偶的养老送终。

上述约定，在各方达成一致的前提下，可签订婚前协议、婚内协议或家庭协议等协议，以书面形式明确规定，以保障各方的权益，减少或避免纠纷。

六、高净值人士再婚的风险防范

比起普通人士，高净值人士及其家庭的财产不仅体量庞大，种类也可能繁多，往往还有公司股权、经营权等牵涉面广、情况复杂的权益。所以高净值人士在面临结婚、离婚、再婚等人身关系发生重大变化的时候，都要更加谨慎，必须提前规划、全盘考虑。

第一，建议高净值人士结婚和再婚前，签订书面的财产协议，对重要的财产（尤其是公司的股权、分红、经营权等）的产权归属、管理控制、收益分配等事项作出详细的约定。

第二，建议高净值人士建立子女的教育基金、双方的养老基金，同时购买大额商业保险，如养老性质的保险、重大疾病险等，以便增强自己和家庭的抗风险能力。

第三，高净值人士还可以设立家族信托，实现家族财富的风险隔离、增值保值，此外，信托还具有保密性强、税务筹划和定向传承等多种功能。

综上，高净值人士应充分利用夫妻（家庭成员）财产协议、遗嘱、赠与协议、基金、家族信托、大额保单等各种法律工具和金融工具，保障财富的安全并按照自己的意愿传承，造福子孙后代。

第二章

夫妻财产约定

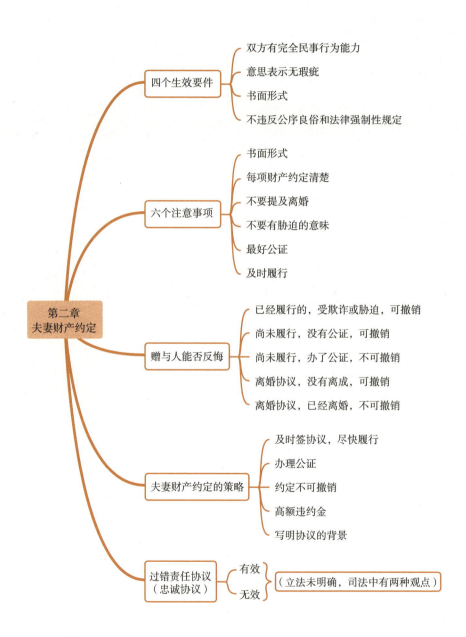

第二章
夫妻财产约定

- 四个生效要件
  - 双方有完全民事行为能力
  - 意思表示无瑕疵
  - 书面形式
  - 不违反公序良俗和法律强制性规定

- 六个注意事项
  - 书面形式
  - 每项财产约定清楚
  - 不要提及离婚
  - 不要有胁迫的意味
  - 最好公证
  - 及时履行

- 赠与人能否反悔
  - 已经履行的，受欺诈或胁迫，可撤销
  - 尚未履行，没有公证，可撤销
  - 尚未履行，办了公证，不可撤销
  - 离婚协议，没有离成，可撤销
  - 离婚协议，已经离婚，不可撤销

- 夫妻财产约定的策略
  - 及时签协议，尽快履行
  - 办理公证
  - 约定不可撤销
  - 高额违约金
  - 写明协议的背景

- 过错责任协议（忠诚协议）
  - 有效
  - 无效
  - （立法未明确，司法中有两种观点）

俗话说"谈钱伤感情，谈感情伤钱"，钱和感情，仿佛永远是一对欢喜冤家！感情好的时候，什么都不计较，自然不会想到签协议，不少中国人迷信，觉得签协议预示着离婚，不太吉利，又要面子，开不了口。感情生变的时候，互相戒备，谁也不肯吃亏，自然签不成协议了。所以现实中，签订了协议的恋人或夫妻凤毛麟角。

然而，时代已经发生了巨大的变化，如何在婚姻中维护自己的财产安全和合法利益，日益成为人们关注的焦点。夫妻本来就容易因为经济问题发生矛盾，衣食住行、日常开支、购房买车、双方家族的人情来往，等等，样样都涉及钱。若双方能站在公平合理的立场，换位思考，彼此体谅，坦坦荡荡地协商，签订"婚前协议"，先小人后君子，亲夫妻明算账——事先树立规则，建立边界，减少摩擦和猜疑，避免一些矛盾，也有利于维护夫妻的感情，降低婚姻风险。相信随着财富的增加和观念的转变，进行财产规划的恋人和夫妻会越来越多。

夫妻双方可以根据具体情况和实际需要，对婚前、婚后财产的归属、使用、处分、收益，婚前、婚后债务的承担，家庭生活费用和抚养子女开支的承担进行约定。如果涉及离婚财产分割的，必须在婚姻关系解除时才生效。如果涉及财产继承的，必须符合遗嘱的法定形式，并且夫妻共同订立的遗嘱属于共同遗嘱，是否可以单方修改，存在争议，一方之后订立的遗嘱可能无效，故应当慎重，考虑清楚。

第一节　夫妻财产约定的四个生效要件

根据我国《民法典》第一千零六十五条第一款的规定，男女双方可以约定婚姻关系存续期间所得的财产以及婚前财产归各自所有、共同所有或者部分各自所有、部分共同所有。约定应当采用书面形式。

夫妻财产约定合法有效，要具备四个条件，下面结合案例进行分析：

第一，双方是完全民事行为能力人，即心智正常、意识清醒的成年人。

若夫妻在订立协议时，是完全民事行为能力人，后来一方或双方丧失全部或部分民事行为能力，此前已经订立的协议效力不受影响。反过来，夫妻在订立协议时，一方或双方的行为能力有缺陷，协议是无效的。若之后恢复正常，其可以追认协议的内容，也可以否认协议的内容。

案例一[①]：阿红的丈夫阿勇因中风瘫痪在床多年。阿红与阿勇有两套房屋，均为两人共同共有。多年来阿红一直照顾阿勇和孩子，又在外打工赚钱，非常辛劳。阿勇为了表达对妻子的感激，提出将其中一套房屋过户给阿红，阿红同意了。阿勇坐着轮椅，与阿红一起到房管部门办理了相关手续。阿勇的父母得知后强烈反对，认为阿勇长期患病，精神上受到阿红的控制，把房屋给阿红是违心的。阿勇虽然长期瘫痪卧床，但他的意识是清醒的，能够正确地表达自己的意思，也能够清晰地辨认自己行为的后果，所以阿勇是完全民事行为能力人。如果阿勇的父母认为阿勇的民事行为能力有所欠缺（无民事行为能力或者限制民事行为能力），阿勇的父母可以启动民事诉讼法的特别程序，申请法院对阿勇的民事行为能力作出认定。法院认为有必要的，会委托相关的机构进行鉴定。

---

① 未标注来源的案例为作者改编，仅为说明具体问题，供读者研究和参考，不特指某个真实案例。

第二，双方的意思表示真实、自由，不存在欺诈、胁迫。

《民法典》第一百四十八条规定："一方以欺诈手段，使对方在违背真实意思的情况下实施的民事法律行为，受欺诈方有权请求人民法院或者仲裁机构予以撤销。"第一百四十九条规定："第三人实施欺诈行为，使一方在违背真实意思的情况下实施的民事法律行为，对方知道或者应当知道该欺诈行为的，受欺诈方有权请求人民法院或者仲裁机构予以撤销。"第一百五十条规定："一方或者第三人以胁迫手段，使对方在违背真实意思的情况下实施的民事法律行为，受胁迫方有权请求人民法院或者仲裁机构予以撤销。"

夫妻签订财产协议，若一方能提供充分的证据，证明自己签订该协议（或协议中的部分内容）是被对方欺诈、被第三人欺诈而对方知道或应当知道，或被对方胁迫、被第三人胁迫的，可请求法院予以变更或撤销。

案例二：阿静发现丈夫阿涛出轨，悲愤交加的她说要到阿涛的单位举报，让阿涛身败名裂。在政府机关担任领导职务的阿涛害怕影响自己的前途，于是答应了阿静的要求，将自己名下的一套房屋过户给阿静，且两人签订协议，写明阿涛放弃这套房屋的产权。后来阿静起诉离婚，阿涛称协议是自己被迫写的，并非自愿，不具有法律效力。阿涛提供了阿静威胁要去单位举报的微信记录以及阿静大哭大闹的视频，当时在场的两位朋友也为阿涛出具了证人证言。虽然阿涛犯了错，但阿静以阿涛的前途和声誉为要挟，阿涛被迫放弃房屋，并非心甘情愿，这种在受到胁迫下做出的行为，阿涛可以要求撤销。

第三，采用书面形式。根据我国《民法典》第四百六十九条第一款和第二款的规定，对于一般的合同，可以采用口头、书面和其他形式。书面形式又包括合同书、信件和数据电文（包括电报、电传、传真、电子数据交换和电子邮件）。

根据我国《民法典》第一千零六十五条第一款的规定，夫妻财产约定应当采用书面形式。《民法典》对夫妻财产约定这一特殊的形式要求，是基于以下考虑：夫妻财产约定涉及双方的重大利益，必须采用白纸黑字清晰无误的形式，以证明双方是经过深思熟虑的，也避免约定不明产生歧义。从诉讼举证的角度，书面形式也有利于查明事实，公平维护双方当事人的权益。

案例三：阿美与阿伟结婚之后，用两个人的钱，买了一套房屋。阿伟出于对阿美的信任，房屋只登记在阿美的名下。后来两人感情恶化，打起离婚官司。阿美在庭上称有一次她跟阿伟说房屋是属于自己一个人的，阿伟口头表示同意，阿美提供了录音，阿伟否认自己这样说过。阿美无法举证双方对房屋做过书面约定，法院依法认定该房屋为夫妻共同财产。

第四，不能违背公序良俗，不能违反法律、行政法规的强制性规定，不能损害其他人的合法权益。

民事活动应当遵循诚实信用原则、尊重社会公德、遵守国家政策、不得损害社会公共利益。不违背"公序良俗"是民事法律行为有效的要件，含义为"遵守公共秩序，符合善良风俗，不违反国家和社会的一般道德"。

案例四：阿军在结婚前，全资购买了一套房屋，后因生意周转，他向朋友阿华借了50万元，将房屋作为抵押，还在房管部门办理了抵押登记。阿军与阿宁结婚之后，书面约定将该房屋赠与阿宁。阿华起诉阿军还钱，阿军经营不善无力偿还，阿华胜诉后向法院申请拍卖房屋，阿宁提出房屋属于自己的个人财产。阿军以房屋抵押作为对阿勇所欠债务的担保，且在房管部门进行了抵押登记，故该抵押权已合法成立。在这之后，阿军对房屋的处分，比如说将房屋出售或赠与，都不能侵犯成立在先的抵押权。阿军对妻子阿宁的赠与，有逃避债务的嫌疑。无论阿军的主观目的如何，设立在后的赠与都不能对抗优先的抵押权。

特别注意：夫妻之间的约定不能免除法定义务（比如夫妻相互之间的扶助义务），不能限制人身自由（如结婚自由、离婚自由），不能违背公序良俗（如约定一方或双方性自由，同意对方包"二奶"），否则无效。此外，双方串通，侵犯国家、集体或第三人利益的约定，也是无效的。

第二节　夫妻财产约定的六个注意事项

夫妻对财产进行约定，必须注意以下六点：第一，采用书面形式；第二，约定清楚是哪一项（些）财产，如果约定不明确，可能会产生不利后果；第三，不要提及离婚的字眼及意思，否则在离婚诉讼中双方可推翻该约定；第四，协议中不要提及一方的过错，不要留下可能被认定为"胁迫"对方的证据；第五，最好进行公证，避免财产约定被认定为赠与，在过户之前对方有撤销权；第六，涉及交付、过户等履行内容的，应当尽快履行。若房产尚有银行按揭，暂时无法按照约定办理变更登记的，双方可约定还清贷款及过户的期限以及违约责任。若双方同意，可出售房屋，房款归一方或按约定分割。

下面我们以具体的案例来说明上述六个注意事项（采用书面形式，前面第一节已经写过），并进行法律上的分析。

第一，逐一约定清楚是哪一项（些）财产，约定不明时可能会产生不利后果。

案例一：阿花和大雄签订了婚内协议，约定"大雄名下的车辆属于阿花"，但是没有写明具体的车牌号、车辆识别号码（相当于车辆的身份证号码）。数月后大雄把车辆卖掉，重新买了一辆车，离婚时阿花提出这辆新车是自己的，得到了法院的支持。其实阿花和大雄在签订协议时，本意是指当时那辆旧车，但由于没写清楚是哪一辆车，所以把新车也"搭"进去了。

第二，不要提及离婚的字眼及意思，否则在离婚诉讼中双方可推翻该约定。

案例二：阿丽与阿俊长期感情不和，两人签订了一份协议，约定若日后离婚，则出售共有的房屋，阿丽分割60%的价款，阿俊分割40%的价款。后来阿俊到法院起诉离婚，阿丽主张房屋按两人签订的协议来处理，阿俊不同意。法院以该协议尚未生效为由，不支持阿丽的要求，依法平均分割该房屋。阿丽和阿俊对房产的分割约定是以离婚为前提，而离婚协议是双方必须在民政部门办妥了离婚手续，领取了离婚证，或者法院依据离婚协议出具了调解书，双方签收了调解书，才发生法律效力。自行签署的离婚协议并未生效（即使办理了公证，亦不生效），一方或双方均可以反悔推翻。

根据《最高人民法院关于适用〈中华人民共和国民法典〉婚姻家庭编

的解释（一）》第六十九条第一款规定，"当事人达成的以协议离婚或者到人民法院调解离婚为条件的财产以及债务处理协议，如果双方离婚未成，一方在离婚诉讼中反悔的，人民法院应当认定该财产以及债务处理协议没有生效，并根据实际情况依照民法典第一千零八十七条和第一千零八十九条的规定判决"。法律之所以这样规定，是因为离婚协议是以双方婚姻关系解除为生效前提，且一方或者双方为达到离婚目的，可能会在财产分割、子女抚养等方面作出有条件的让步，在婚姻关系正式解除前，一方或双方都可以反悔，否则可能对其不公平。

当然，双方曾经签署的离婚协议或者涉及离婚分割的婚内协议，并非毫无意义。该等协议记载了夫妻双方对离婚的态度，对财产分割、子女抚养的相关意见，详细列举了夫妻间的共同财产、债务情况，一定程度上能还原客观事实，即使离婚协议未生效，仍能为法院查清、认定相关事实、作出公正判决提供参考作用，也能防止一方隐瞒财产。[①]

第三，协议中不要提及一方的过错，不要留下可能被认定为"胁迫"对方的证据。

案例三：阿琴与前男友旧情复燃，被丈夫阿德发现，阿德怒火冲天，对阿琴破口大骂，威胁要将阿琴跟前男友的微信记录和亲密照片转发给亲朋好友。阿琴下跪认错，苦苦哀求，要挽回丈夫的心。在阿德的强烈要求下，阿琴签了一份协议。协议中阿琴承认自己婚内出轨，同意放弃所有的夫妻财产，包括两套房屋。后来阿德要求阿琴办理除名手续，阿琴不同意，阿德起诉阿琴，阿琴提供了两人之间的电话录音及微信记录，证明当时自己是被逼无奈的。法院认定该协议无效。

意思表示真实、自由，是民事法律行为的生效要件之一。若一方能提供充分的证据，证明自己签订协议（或协议中的部分内容，包括婚内协议和离婚协议）是被欺诈或胁迫，可请求法院予以变更或撤销。

---

① 蒋力飞：《守住你的财富——律师写给企业家的49个财富传承法律忠告》，中国法制出版社2017年版，第310-311页。

综合上述第二点、第三点，夫妻间关于财产的约定，不要提及离婚的字眼或意思，不与感情和过错挂钩，纯粹作为财产约定，以免日后一方反悔。

第四，最好进行公证，否则协议涉及赠与财产的，在过户之前对方有撤销权。

案例四：阿坚与阿娟新婚燕尔，感情好得蜜里调油。为了表示对娇妻的忠贞不二，阿坚写下一份书面的声明，将自己婚前的一套个人房产赠与阿娟。谁料婚姻生活矛盾重重，数年之后，两人已形同陌路。离婚诉讼中，阿娟要求阿坚按照声明将房屋过户给自己，阿坚要求撤销赠与。法院支持了阿坚。

如果夫妻双方约定一方将自己名下的房产变更登记到对方名下，或者变更登记为双方共有，相当于把房屋的全部或部分份额赠与对方，在变更登记之前，赠与方有权撤销该赠与。若赠与协议办理过公证，或者受赠方能证明该赠与有道德义务，则赠与方无权撤销赠与。公证并非协议的生效要件，但公证不仅能加强证据的证明力，有些情况下还会直接决定当事人实体权利的实现。通常而言，家庭内部的赠与不涉及道德义务或公益性质，故公证就成为受赠方能实际获得赠与财产的有力保障了。为了避免纠纷，建议涉及房产的协议、涉及赠与的婚内财产协议（尤其是标的额大，履行周期长的）最好办理公证。

根据《最高人民法院关于适用〈中华人民共和国民法典〉婚姻家庭编的解释（一）》第三十二条规定，婚前或者婚姻关系存续期间，当事人约定将一方所有的房产赠与另一方或者共有，赠与方在赠与房产变更登记之前撤销赠与，另一方请求判令继续履行的，人民法院可以按照民法典第六百五十八条的规定处理。《民法典》第六百五十八条规定，赠与人在赠与财产的权利转移之前可以撤销赠与。经过公证的赠与合同或者依法不得撤销的具有救灾、扶贫、助残等公益、道德义务性质的赠与合同，不适用前款规定。

第五，涉及交付、过户等履行内容的，应当尽快履行。若房产尚有银行按揭的，暂时无法办理变更登记的，双方可约定还清贷款及过户的期限，

以及违约责任。如果双方同意的话，直接出售房屋，房款归一方或按约定分割。

在大城市里房屋动辄价值数百万元，大部分的人都采用了按揭贷款的方式供楼。在还清贷款、涂销银行抵押权之前，房屋是不能办理过户的。所以，即使两夫妻约定了房屋办理更名、加名或除名手续，在还清贷款之前，也无法实际办理。办理房屋产权变更登记之前，对于受益一方，存在不确定性，对方可能会反悔，要求撤销。

要避免相应的风险，有几个办法，第一是办理公证；第二是将银行贷款还清，尽快办理变更登记；第三是将房屋出售，分割价款。从现实的角度来说，第二种方法，很多夫妻未必能拿出那么多钱，也未必愿意提前一次性还清贷款；第三种方法，出售房屋往往要费一番周折，而且很多家庭出于生活便利或理财增值需要，要保留房屋。所以第一种方法办理公证比较可行，时间成本和费用成本也相对最低。

房产登记份额是夫妻特别财产约定吗？

不动产包括房屋、商铺、车位，原则上都是以产权登记为准。不动产登记，有两个或两个以上产权人的，也就是共有的，又分两种情况，共同共有和按份共有。《民法典》第二百九十八条规定"按份共有人对共有的不动产或者动产按照其份额享有所有权"，第二百九十九条规定"共同共有人对共有的不动产或者动产共同享有所有权"。通俗地说，按份共有，就是写明你占多少份额，我占多少份额。共同共有，就是不分份额。共同共有，通常发生在夫妻之间、家庭成员之间。

可是，有一种情况比较特殊，夫妻之间按份共有一套房屋，离婚时是按照登记的产权份额还是按照出资比例来分割？登记的产权份额是否就是夫妻之间的特别约定？这点在法律上没有明文规定，理论界和司法界都存在两种截然相反的看法：第一种看法认为，不应当以房屋产权登记的份额来分割。理由有三点：一是夫妻约定财产制，必须采取书面形式。不动产登记的份额，并非夫妻财产约定的书面形式。二是按照我国的夫妻财产制度，婚后购买的房屋，即使只登记在一方名下，对方也享有一半的份额，故产权登记情况不应作为分割依据。三是夫妻财产关系是以人身关系为基础，具有特殊性，不适用物权法及民法典物权编的规定。

第二种看法认为，夫妻共有的房屋明确登记为按份共有的，应当以登记份额作为分割比例。理由：一是夫妻将房屋登记为按份共有，不仅是一种特别约定的意思表示，而且是双方已经共同完成的行为（即产权登记），该意思表示和登记行为经过房屋管理部门的审核及准予办理。如果只有书面约定，还未履行，该约定可能被认定为无效（行为能力缺陷或意思表示瑕疵），可能会被一方撤销（赠与人的单方撤销权）。与之相比，不动产登记是已经完成的行为，是客观存在的产权状态，苛求有相应的书面约定，是多此一举。二是双方作为完全民事行为能力人，应当清楚地预见到自己行为的法律后果，并承担该后果。如果出资与份额并不匹配，只能视为婚内赠与或夫妻特别约定。若视为赠与，该赠与已经完成（登记行为），不能单方撤销。若视为夫妻特别约定，无论是否履行，同样不支持撤销。婚恋财产协议涉及人身、情感和家庭关系，没有绝对的公平。三是不动产登记是一种公示公告的制度，对内（共有人之间）对外（对第三人）均有约束力，这是不动产登记的意义所在，明确不动产的归属，有利于定分止争，有效维护交易安全。四是婚后购买的房屋，登记在一方名下，属于夫妻共同财产。这是因为双方没有特别约定，而登记为按份共有，是双方已有特别约定。

我们来看看近年来北京、上海、广州的法院对此类案件的处理：发生在北京的某案例[①]：一起离婚案件，房屋产权登记女方占99%，男方占1%，该房屋购买时首付39万元，按揭88万元，共127万元，现在价值300万元，男方承认自己只出资三四万元。女方称男方长期不工作，没有收入，都是靠女方自己的收入积蓄和父母的资助支付购房款。办理该房屋产权登记时，

---

① 《离婚，房产讼争一波三折》，载《检察日报》2022年3月16日。

女方因身体不适没有到场，而是委托男方代自己签字。不动产权证书主页"共有情况"一栏显示"按份共有"；附记页中显示"男方占有份额1%，女方占有份额99%"。此外，两人还在不动产登记中心签署了一份《声明》，约定男方占房产1%，女方占房产99%，《声明》签字处也是由男方代女方签的字。2020—2021年，该案历经一审、二审和两次再审（先是女方申诉，后是检察院抗诉），最终北京市高级人民法院再审一锤定音——按照产权登记份额来分割。一审法院认为，虽然不动产权证书显示房屋共有情况为按份共有，然而该房产为双方婚后购买，在婚姻关系存续期间共同偿还贷款，双方就该房屋亦无其他约定情形。原告请求就以房产证登记为准，即按99%的比例给原告、原告再按1%的比例给付被告折价款3万元，没有法律依据，因此不予采信。二审法院认为，双方所签《声明》系为办理产权证书出具，且男方表示不清楚该《声明》的内容及意义。在双方未单独以书面形式作出明确约定的情况下，难以认定双方对涉案房屋存在夫妻财产约定。女方虽然提交了录音、微信聊天截屏等证据，但结合录音时所处情境，男方对于房屋份额的表述并非在理性平和状态下作出，亦未采取法律规定的书面形式，故无法据此认定女方主张的对房屋的份额约定。一、二审法院意思就是双方没有签一份书面的夫妻财产协议。女方不服，申请再审，北京市高级法院作出民事裁定，驳回了女方再审申请。无奈之下，女方向检察机关申请监督。检察机关提出抗诉。检察机关认为：男方以自己及女方的名义签署的《声明》系采取了书面形式，本案不应机械地以双方之间没有一份名为《夫妻财产约定》的书面材料就否认双方关于财产份额的约定，而应结合双方的真实意思表示、书面材料及立法本意进行认定，《声明》实质是双方对婚姻关系存续期间所得财产按份共有的书面约定，符合法律关于夫妻财产约定采取书面形式的规定。北京市高级人民法院将案件发回重审，法院改判认定女方占房产99%的份额，男方占房产1%的份额。本案一波三折，女方的最终胜诉非常艰难、曲折。需要特别提醒的是，本案中女方能够胜诉，关键是男方曾在房管局签订过这样一份《声明》。

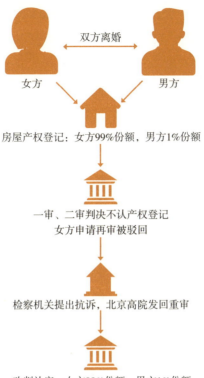

房屋产权登记：女方99%份额，男方1%份额

一审、二审判决不认产权登记
女方申请再审被驳回

检察机关提出抗诉，北京高院发回重审

改判认定：女方99%份额，男方1%份额
结论：产权登记是双方特别约定

　　上海发生的某案例①：这起离婚分割房屋的案件，案情并不复杂。该房屋是小丽和大强在婚后购买，房屋总价170余万元，其中首付100余万元由小丽的母亲出资，剩下70余万元则由小丽和大强共同申请公积金贷款进行支付。产权登记小丽占99%，大强占1%。房屋现市值330万元，剩余贷款金额50余万元。如果这100余万元出资被认定为赠与给小丽、大强双方，或者是借贷，都不影响小丽大强应分割的产权份额。因为赠与给双方，就扯平了。如果是借贷，小夫妻就还钱给小丽母亲，与产权无关。如果这100余万元出资被认定为单方赠与小丽，那么等于小丽在原始出资170余万元中，已经占有了100万元，剩余70万元，她又占有一半（夫妻共同还贷）。即小丽出资

①　上海市第一中级人民法院：《离婚分割330万房产，为何男方仅得2.8万？》，载上海一中院微信公众号2021年3月23日，最后访问日期：2023年6月1日。

135万元，占80％左右，男方出资35万元，占20％左右。一审法院判房屋属于小丽所有，小丽支付大强50万元，剩余贷款由小丽偿还。可以说，一审法院是按照小丽、大强的实际出资额来分割的（从比例上，可以倒推出，将小丽母亲的100万元出资认定为对小丽的个人赠与）。小丽不服，提起上诉。二审认为房屋登记的产权份额相当于两人在婚内对财产所作的特别约定，房屋应当按照小丽占99%、大强占1%分割。最终判小丽补偿大强2.8万元。

广州发生的某案例①：2021年，广州有一起案例，一、二审的裁判观点都是一致的，和上述上海发生的案件二审观点一致，按照产权份额分割。

广州发生的这起案件中，房屋是三个人共有，夫妻和儿子，各占三分之一。丈夫曾经立下公证遗嘱，称这套房屋中自己的三分之一份额是夫妻共同财产，但后来丈夫又撤销了这份公证遗嘱。房屋出售之后，妻子要求分割丈夫所取得的三分之一售房款，她的依据就是丈夫曾经立下的遗嘱。一、二审法院都认为，丈夫已经撤销了那份遗嘱，相当于那份遗嘱从来不存在。一审判决写道"男方与女方、小儿子于2008年4月15日以309000元购买308房，产权登记在三人名下并各占1/3产权份额，根据上述物权登记对外产生公示效力原则，308房除登记在小儿子名下份额外，其余份额已由男方、女方进行析产，各占1/3产权份额，该份额为两人的个人财产，不产生夫妻共同财产属性"。二审判决持有同样的观点，二审判决进一步明确，按份共有就相当于夫妻财产约定："虽女方、男方之间并未作出书面的具体约定，但前述按份共有的方式，应理解为女方、男方之间的夫妻财产约定，女方、男方各自占有的308房1/3产权份额应属各自的个人财产。"

---

① 广州市中级人民法院（2021）粤01民终30367号，载中国裁判文书网，https://wenshu.court.gov.cn/website/wenshu/181107ANFZ0BXSK4/index.html?docId=jE7iRRnAuVjiydUHHSPxpGGsK/BffSzA479nSvdJPj1O+F3hmrv3XZ/dgBYosE2gpMETOMFw275ep4DB3l0Sq4LG/LQrtig9TkUFC6NOLxLwh9EKBH8vj3h/2ACDMYJa，最后访问日期：2023年1月8日。

第六，关于夫妻房产登记为按份共有这种情况，分割时究竟应该如何处理，法律条文没有明确规定。夫妻或恋人可以采取以下做法，避免出现争议：

1.婚前或婚后共同出资购买的房产，或者双方主观想法是共有的房产，双方都可以成为登记的产权人，避免发生一方擅自处分房产的情况。

2.对于共有房产的份额，除了登记份额以外，双方最好另外签订一份书面协议，明确各自的份额占多少。

3.书面约定的各自所占份额应与登记份额保持一致，以免日后发生争议，如不一致的话，应尽快共同办理变更登记。

第三节　夫妻对财产的约定能否反悔

夫妻之间关于财产的约定，若一方能证明存在以下四种情形之一，可推翻约定：第一，约定以离婚为目的，双方未办理离婚登记；第二，被对方欺诈或胁迫，才作出相关约定；第三，约定被认定为赠与性质，未实际履行（动产未交付，不动产未办理过户），且未公证；第四，约定对一方极端不公平。

一、夫妻对财产的约定涉及赠与的

夫妻关于财产的约定涉及赠与，即一方把自己的个人财产或共同财产中的个人份额赠与对方。夫妻签订协议，相当于达成赠与的"合意"。而赠与的实际履行，动产以交付为标志，即一方按照约定把款项转账给对方（通过银行转账或电子支付），把现金、金银玉器、古董字画等交给对方保管；不动产以变更登记为标志，即双方按照约定办理了不动产的更名、加名或除名手续。

（一）夫妻关于财产的约定涉及赠与的，能否撤销，分成五种情形讨论。

1.双方签订婚内协议，未办理公证，未实际履行，赠与人可以撤销赠与。

2.双方签订婚内协议，已办理公证，未实际履行，赠与人不得撤销赠与。

3.双方签订婚内协议，已经实际履行（有无办理公证，没有区别了），赠与人不得撤销赠与。

上述三种情形的法律依据为《民法典》第六百五十八条、《最高人民法院关于适用〈中华人民共和国民法典〉婚姻家庭编的解释（一）》第三十二条。

4.双方签订离婚协议，未按照离婚协议办理离婚手续，一方或双方可以推翻离婚协议中的财产约定；法律依据是《最高人民法院关于适用〈中华人民共和国民法典〉婚姻家庭编的解释（一）》第六十九条。

5.双方签订离婚协议，已按照离婚协议办理离婚手续，尚未实际履行，赠与人不得撤销赠与。理由是离婚协议的生效以婚姻关系的解除为前提，离婚协议是对财产处理的整体考虑。

（二）赠与已经履行，赠与人能证明自己受到欺诈或胁迫才作出赠与的约定，有权撤销赠与。

意思表示真实是民事法律行为包括合同有效的条件之一（《民法典》第一百四十三条），如果一方当事人意思表示不真实、不自由，比如受到欺诈、胁迫，或者是有重大误解，其可以请求法院或仲裁机构撤销、变更（《民法典》第一百四十七条至第一百五十条）。那么，如何认定双方真实的主观目的、内心的想法？要根据双方的外部行为、字里行间的表述，还要结合生活的逻辑、人之常情，我们来看一个案例。

丈夫起诉离婚，妻子不同意离婚，之后丈夫将自己的婚前个人房产变更为两人共同所有。丈夫第二次起诉离婚，妻子仍然不同意离婚，之后丈夫将上述房产变更登记到妻子一人名下。谁料一个月之后妻子起诉离婚，丈夫要求撤销自己对妻子关于房产的赠与，得到了一、二审法院的支持。法院认为，男方赠与房产是希望女方珍惜婚姻、白头偕老，妻子违反了该义务，故丈夫有权撤销赠与。[①]

（三）赠与已经履行，在受赠人有重大过错的情形下，赠与人有权撤销赠与。

1.根据《民法典》第六百六十三条，有以下三种情形之一，赠与人有权撤销赠与，要求受赠人把财产返还给自己：第一，受赠人严重侵害赠与人或者赠与人近亲属的合法权益；第二，受赠人对赠与人有扶养义务而不履行；第三，受赠人不履行赠与合同约定的义务。赠与人的撤销权，自知道或者应当知道撤销事由之日起一年内行使。

2.根据《民法典》第六百六十四条，因受赠人的违法行为致使赠与人死亡或者丧失民事行为能力的，赠与人的继承人或者法定代理人可以撤销赠与，赠与人的继承人或者法定代理人自知道或者应当知道撤销事由之日起六个月内行使该撤销权。

3.根据《民法典》第六百六十六条，赠与人的经济状况显著恶化，严重影响其生产经营或者家庭生活的，可以不再履行赠与义务。

二、能否以显失公平为由，推翻夫妻之间关于财产的约定

（一）民事法律关系以"公平"为基本原则，但与普通民事交易"等价有偿"不同，夫妻之间的约定不能以"显失公平"为由要求法院变更或者撤销。

因为婚姻协议是以人身关系为基础，当事人在财产上的让步，往往出于综合考虑，为了加深感情、化解矛盾、感恩对方的付出、弥补自己的过错、保障子女健康成长等。说到底，婚姻本身就没有公平可言，感情的是非对错，法律无法评价。普天之下，没有无缘无故的爱，也没有无缘无故

[①]　山东省济宁市中级人民法院（2019）鲁08民终1559号。

的恨！

（二）除非涉及"净身出户""巨额违约金"等情形，"显失公平"已经到达极端严重程度，剥夺一方的生存权，或者导致其无法履行法定义务，该方起诉要求变更或撤销，法律才会干预，例如以下情形之一。

1.剥夺一方的全部财产，导致其生活困难，或者一方遭遇变故或重疾，履行约定会影响其生存权；

2.导致当事人无法履行法定义务，如赡养老人、抚养孩子或偿还债务等，侵犯第三人（父母、子女或债权人）的利益；

3.事实上无法履行，约定的违约金、赔偿款远高出一方的实际收入和经济状况，根本不可能履行。

当事人请求变更约定的，法律可能会适当调整（不会完全撤销）。当事人请求撤销约定的，法律可能会变更（即适当调整），也可能完全撤销（严重不公平的情形下）。

三、为保障夫妻财产约定的落实及避免被推翻，可以采取以下风险防范措施

1.在双方达成合意之后，及时签订协议，并尽快履行协议，包括动产交付，不动产办理过户变更。

2.办理公证，对于履行周期长或者不确定什么时候能履行的赠与事项，更应该办理公证。

3.在双方的协议中写明该协议是夫妻特别约定，不可单方撤销。

4.在协议中约定高额的违约金，对履行义务的一方产生实质性的约束。

5.写明财产约定的背景和考虑，以证明双方均为自愿，约定是有根有据、合乎情理的。

第四节 夫妻过错责任协议

夫妻之间有相互忠诚的义务，即不与婚外第三人发生性关系或产生感情纠葛。关于性忠诚的具体内容，不同的人可能有不同的理解。《民法典》第一千零四十三条第二款规定了"夫妻应当互相忠实"，如果一方违反了忠实义务，离婚时配偶可以要求对出轨方少分财产。如果出轨情形严重（如多次出轨、与婚外异性同居多年、有私生子等），离婚时配偶不仅要求出轨方不分、少分财产，还可以同时要求出轨方进行损害赔偿。

如果男女签订协议，约定若一方出现某种行为或情况，或者鉴于一方已经出现某种情况或行为，须向对方承担一定的金钱责任（违约金、赔偿金、放弃某些财产）或其他形式的责任（变更人身权利义务或变更财产权利义务），可以称为"过错责任协议"。忠诚协议是过错责任协议最主要的一种。过错责任协议是夫妻自行创设的"合同责任"，是对配偶权法定责任的补充，类似于《民法典》第五百八十五条的规定。《民法典》第五百八十五条规定，当事人可以约定一方违约时应当根据违约情况向对方支付一定数额的违约金，也可以约定因违约产生的损失赔偿额的计算方法。约定的违约金低于造成的损失的，人民法院或者仲裁机构可以根据当事人的请求予以增加；约定的违约金过分高于造成的损失的，人民法院或者仲裁机构可以根据当事人的请求予以适当减少。当事人迟延履行约定违约金的，违约方支付违约金后，还应当履行债务。关于夫妻间的过错责任协议，效力如何，法律没有明确规定。有观点认为，在符合夫妻财产协议合法要件的前提下，这种约定有效，理由有四点：

第一，夫妻双方作为平等的民事主体，在自愿的情形下可以签订协议，法律也允许夫妻双方自行约定财产的归属和处理方式。只要夫妻忠诚协议的内容没有违反公序良俗和法律的禁止性规定，没有损害他人利益和社会的公共利益，体现了双方的真实意思，就应该是合法有效的。

第二，《民法典》婚姻家庭编规定的损害赔偿的范围限定在"重大过错"的情形下，部分因配偶违背忠实义务而遭受伤害的当事人得不到法律的有效救济。夫妻签订"忠诚协议"，追究过错方责任，是公民自我救济的有效方式，符合《民法典》婚姻家庭编的原则和立法精神。

第三，传统观念趋向夫妻财产一体化，使得婚姻存续期间的赔偿无法落实，但近年来立法逐渐倾向于夫妻分别财产制，按照法律规定或者夫妻约定，很多夫妻拥有个人财产，此外还可以用共同财产中的份额来抵付，赔偿具有现实可操作性。

第四，夫妻双方签订此类协议的目的就是维护夫妻感情、稳定婚姻基础，对婚外情等严重背离婚姻的不忠行为进行惩罚。"忠诚协议"反映了婚姻当事人相互履行夫妻忠诚义务的本质要求，既符合婚姻法的精神，也与社会公共利益一致，亦与我国的传统道德观念相合。

但也有不少人反对忠诚协议，认为法律上不应当支持忠诚协议。理由也有四点：

第一，忠诚协议加大婚姻的成本，破坏双方的信任，使建立在感情基础上的婚姻关系变质，极易引发更多的矛盾。毕竟附加财产条件的感情相对来说难以维持长期的稳定。

第二，配偶的忠诚本来就是一种道德义务，属于感情范畴，《民法典》第一千零四十三条的规定是一种倡导性、宣言式的规定，而非法定义务。

第三，若赋予夫妻忠诚协议强制力，会造成负面的社会影响。夫妻之间签订的"忠诚协议"虽然本身并非无效，但这种协议应由当事人本着诚信原则自觉履行，不能通过法院确定其效力，赋予其强制执行力，否则可能会被人滥用而使得婚姻家庭关系庸俗化，不利于家庭的稳定和社会的和谐。而且无过错方可能会不择手段地查找对方出轨的证据，侵害另一方的隐私，甚至会引发一系列的民事、刑事纠纷。

第四，我国法律实行的是损害填补的赔偿原则，侵权损害不能通过契约预设，否则会造成有人仗着有钱就去侵害他人权利。故忠诚协议不应被赋予法律效力。最高人民法院民法典贯彻实施工作领导小组主编的《中华人民共和国民法典婚姻家庭编继承编理解与适用》的观点是忠诚协议相当于一种自然债务，一方已自愿履行的，不能要求返还，而一方不愿履行的，不应强迫其履行。程序上法院不予受理，已受理的裁定驳回起诉。①

目前对于忠诚协议的效力在法学界和司法界仍有较大争议，如果个人确实需要一份忠诚协议来保护自己的权益，让自己内心有安全感，对配偶也有一种心理上的约束，那么先签署一份这样的协议也未尝不可，但需要注意以下问题：

第一，应在双方自愿的情况下协商和签订，不能存在胁迫和欺骗的情形。

第二，协议内容不能限制或者剥夺人身权利，如离婚自由权、孩子抚养权等和人身关系密切联系的基本权利。

第三，约定的赔偿数额应该相对合理，不能明显畸高；家庭财产的分配也应保障一方的基本生活，像"净身出户"这种笼统约定很难获得法院的支持。

第四，当配偶出现过错行为时，注意收集和保存证据，且取证的方式要合法。

---

① 最高人民法院民法典贯彻实施工作领导小组：《中华人民共和国民法典婚姻家庭编继承编理解与适用》，人民法院出版社2020年版，第36—40页。

第三章

分居离婚中的财产保障

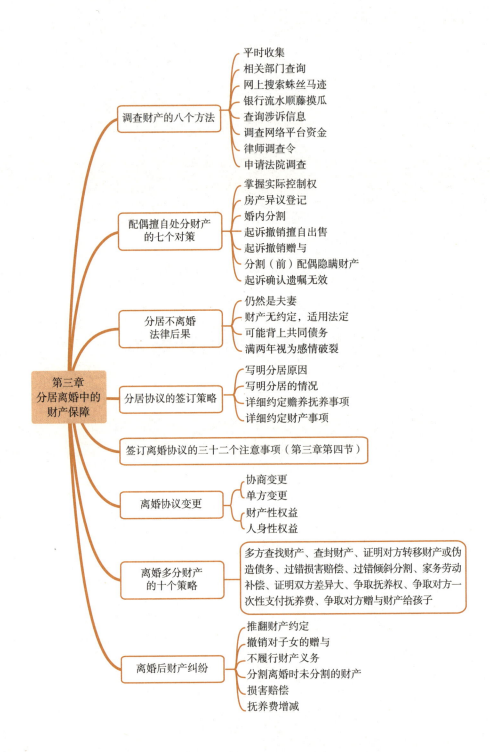

调查财产的八个方法
- 平时收集
- 相关部门查询
- 网上搜索蛛丝马迹
- 银行流水顺藤摸瓜
- 查询涉诉信息
- 调查网络平台资金
- 律师调查令
- 申请法院调查

配偶擅自处分财产的七个对策
- 掌握实际控制权
- 房产异议登记
- 婚内分割
- 起诉撤销擅自出售
- 起诉撤销赠与
- 分割（前）配偶隐瞒财产
- 起诉确认遗嘱无效

分居不离婚法律后果
- 仍然是夫妻
- 财产无约定，适用法定
- 可能背上共同债务
- 满两年视为感情破裂

第三章
分居离婚中的财产保障

分居协议的签订策略
- 写明分居原因
- 写明分居的情况
- 详细约定赡养抚养事项
- 详细约定财产事项

签订离婚协议的三十二个注意事项（第三章第四节）

离婚协议变更
- 协商变更
- 单方变更
- 财产性权益
- 人身性权益

离婚多分财产的十个策略
- 多方查找财产、查封财产、证明对方转移财产或伪造债务、过错损害赔偿、过错倾斜分割、家务劳动补偿、证明双方差异大、争取抚养权、争取对方一次性支付抚养费、争取对方赠与财产给孩子

离婚后财产纠纷
- 推翻财产约定
- 撤销对子女的赠与
- 不履行财产义务
- 分割离婚时未分割的财产
- 损害赔偿
- 抚养费增减

第一节　关于财产的证据与调查方法

我们都知道打官司就是打证据，当事人各说各话，作为中立的第三方，法院必须通过证据去认定事实。民事诉讼最基本的举证规则是"谁主张、谁举证"，对于婚恋财产纠纷而言，在绝大多数的情况下，也是由原告来举证证明存在哪些财产以及这些财产的来源、权属状况、价值、收益等，当然，被告或第三人也可以举证。举证责任分为结果意义上的举证责任和行为意义上的举证责任。结果意义上的举证责任是指由谁来承担举证不能的不利后果。结果意义上的举证责任，大部分由法律规定，在没有法律明确规定的情况下，在个案中由法院根据公平原则来分配。如果待证事实真伪不明，各方说法不一，对此负有举证责任的一方就要承担不利的后果，法院将认定对其不利的事实。行为意义上的举证责任，是指各方都可以积极地举证，来证明自己主张的事实。

在日常生活中，我们要加强证据意识，因为如果发生纠纷，我们想要维护自己的权益，在诉讼当中都必须通过证据去还原事实，法院在认定事实的基础上适用法律，界定各方的权责利。在本节中，将一些最常见类型的夫妻财产、家庭财产需要通过什么证据来证明，逐一列出，并且向大家介绍八种财产调查的方法。

一、关于财产的证据

1.房产：提供房产证、宅基地证、购房合同、贷款合同、购房发票、契税完税证等。房地产权证是最直接有力的证据。定金协议、购房合同可以证明购房的日期、购房方、房屋的购买价。定金收据、购房发票和契税完税证等可以证明购房款及税费支付的日期、金额等情况。

2.车辆：提供车辆行驶证、购车合同、购车发票、年审资料等。若无法提供，则将车辆的车牌号码提供给法院，申请法院去车管部门调查取证。

3.公司企业信息：到市场监管局打印企业信息登记表或者查询、复制企业的内部档案。还可以在"全国企业信用信息公示系统"或一些专门的App中查询企业信息，包括成立日期、法定代表人、注册资本、经营范围、股东名称、出资额、股权变更信息、年报信息、抵押出质信息、司法协助信息、行政处罚信息，等等。

4.存款、股票、基金：开户银行、证券公司或基金公司基于为用户保密的原则，当事人无法查询配偶的存款、购买的股票或基金的情况，律师也无权直接查询，必须在诉讼中申请法院出具律师调查令。当事人必须在立案时或立案后向法院申请调查，提供账户信息，包括开户银行、证券公司或基金公司的名称、具体账户名和账号三项。或者至少提供开户银行、证券公司或基金公司的名称（详细正确的名称，银行有具体的分行、支行更好）。若无法提供任何信息，法院无法进行调查。调取的银行明细流水中，往往会显示交易用途和对方的账号，我们能发现资金的走向，可申请法院调查第三人名下的账号。有些人会将资金在自己名下的几个账号中来回倒腾，我们顺藤摸瓜，可以发现其更多的银行账号，进一步申请法院调查。

5.家具电器：购买的单据、发票、收据、付款记录，还可以附上相应的照片、列出清单等。

6.装修费用：装修合同、设计图、购买材料的单据、发票、收据、结算单据、付款记录等。

7.养老保险金和住房公积金：提供相应的存折或银行卡、提取单据。若无法提供，但知道对方的单位名称，可要求法院向社保局、住房公积金管理中心调查取证。

二、调查财产的八个方法

1.平时收集相关的证据资料

最好能取得原件，无法取得原件的，复印或者拍照，保存好复印件及电子版文件。

2.到相关政府部门和职能机构查询

包括房管局、市场监管局、车管所等，提供相关的证件资料，按照规定的流程办理。若无法提供房地产权证，可以到房管部门申请查册即打印产权情况表或者申请查房屋内档（各地房管部门规定不一，有些需要法院的立案证明，有些需要律所出具的函件、介绍信，等等）。若能确定对方名下房产的具体地址或有相关线索，还可以申请法院向房管部门调查取证。在某些地区，可以查询配偶名下的房产。比如在广州，持身份证、户口本和结婚证，可以到房管部门查询配偶名下位于广州的房产。[①]

3.从对方的网络空间寻找线索

从对方的微博、微信朋友圈、QQ空间等社交平台寻找线索，综合各种信息进行分析、倒推，从蛛丝马迹中寻找线索。比如说，对方发布的照片显示其住所、车辆、拥有的首饰、名牌服装包包，对方描述转发的关于购物、理财的文字文章等。

4.从资金流水中寻找线索

从对方跟自己或他人的资金往来、交易记录查出账户，可以从对方的银行卡、保险费、水电煤气费等的对账单、缴费通知书、发票收据回单、微信短信通知等查出账户或账户线索，并申请法院调查银行账户的明细流水，在调查申请中注明要求显示与该账户的交易方具体账号（很有可能是

---

① 《广州市妇女权益保障规定（2020修正）》（2020年8月20日起实施）第二十三条，夫妻一方持身份证、户口本和结婚证等证明夫妻关系的有效证件，可以向市场监督管理部门、房地产行政管理部门、车辆管理部门等机构申请查询另一方的财产状况，有关行政管理部门或者单位应当受理，并且为其出具相应的书面材料。

对方的其他账户，且这样能追踪资金的去向），不断顺藤摸瓜。

5.查询对方的涉诉信息

在相关网站比如"中国裁判文书网"查询对方或对方名下公司作为原告、被告、申请执行人和被申请执行人的案件，知悉其申请查封了什么财产，有何财产被查封等情况。

6.调查对方在网络平台的资金

对方有可能把资金隐匿在各种网络平台里，比如说，藏在微信里的资金，可请法官要求对方当庭上缴手机，申请法院向腾讯公司调查。现在有各种线上理财产品，包括支付宝、微信、京东金融等各种平台的理财产品，可以申请法院向相关的机构调查。关于支付宝、微信等电子支付方式的消费转账等记录，也可以申请法院向相关的机构调查。

7.律师在诉讼中调查

某些省市的法院推行律师调查令，代理律师因客观原因不能自行收集证据时，可以向已受理案件的法院申请律师调查令。律师持调查令可向有关部门调查收集银行账户、登记资料、档案材料等书证、电子数据以及视听资料等证据。接受调查人应当根据律师调查令指定的调查内容及时提供有关证据。

8.申请法院调查取证

在民事案件中，举证责任的分配原则为"谁主张、谁举证"，法院通常不会主动调查取证。当事人因客观原因不能自行收集的证据，才能申请法院调查，注意在举证期限届满前递交书面申请。

第二节　七招应对配偶擅自处分财产

对于自己的个人财产，夫妻一方可以自行支配、处置。对于日常的开支，夫妻可以单方决定，因为夫妻之间有日常家事代理权。经营一个家庭，每天都有大大小小的开支，对于经常重复发生的日常开支，比如说，为自己或家人购买衣服食品日用品、日常的游玩娱乐消费、孩子吃喝拉撒支出的各种费用，一方所进行的这类交易行为，配偶无权撤销，所发生的债务，是共同债务，对方必须承担连带责任。

对于重大财产的处分，必须协商一致。广义地说，处分就是指处理财产，比如出售、赠与、立遗嘱指定财产由某人继承，把财产出租、抵押等。如果超出日常生活需要，涉及共有财产的重大事项，尤其是赠与、出售、抵押等，夫妻双方必须协商一致，否则就侵犯了配偶的财产共有权。而当财产在一方名下，或者被一方实际控制的，这一方有可能把财产挥霍掉、私下卖掉，把款项转移走，甚至把财产赠与别人。还有把钱转移到自己的秘密账户、房产由亲朋好友"代持"的。如果配偶存在上述擅自处分财产的行为，来看看我们如何见招拆招。

第一，防患于未然，掌握财产的实际控制权。要求对方将财产交付给自己，要求房产加上自己的名字或将房屋、车辆过户到自己名下。对于现金、存款、古董、字画等自由流通的"动产"，所有权的转移以交付为标志，实际的占有人，才有真正的支配权，才能真正受益。而且这些动产，很容易被转移和变换形式，难以追索。在可能的情况下，要求对方将财产交给自己占有、保管，是最稳妥的。为了防止配偶擅自转移房屋和车辆，可要求在房产上加上自己的名字，或将房屋、车辆过户到自己名下。

第二，受损方进行房产异议登记，并在法定期限内起诉。若发现一方正在出售属于夫妻共有的房产，包括已经在中介或网上放盘，跟潜在的买家洽谈，收受了定金，签订了买卖合同，甚至已经办理了递件手续，取得了受理回执（房屋已经过户到他人名下就为时已晚），在去法院进行诉讼（婚内分割财产之诉、撤销之诉）之前，可以到房管部门提出异议，阻止擅自处分行为的继续进行和完成。要注意，必须在异议登记后的十五日内起诉，将人民法院受理通知书提供给房管部门，否则，异议登记失效，以后也不能就该房屋以相同的理由再次申请异议登记。

第三，受损的一方可以起诉要求婚内分割共同财产。若配偶一方有隐藏、转移、变卖、毁损、挥霍夫妻共同财产，或者伪造夫妻共同债务，严重损害夫妻共同财产利益的行为，另一方有权请求在婚内分割共同财产，无须以离婚为前提，但不能损害债权人利益。至于可以请求分割全部的夫妻共同财产，还是部分的夫妻共同财产，笔者认为，该选择权在于无过错方即原告。允许婚内分割共同财产是基于被告损害夫妻共同财产或对有扶养义务的亲属不管不顾，立法目的是维护受损配偶的利益，或拯救患病家属的生命，分割共同财产的范围，应由无过错方即原告决定。

至于分割之后，夫妻财产包括没分割的和新增加的，是实行共同所有还是分别所有，法律本身也没有明确规定。笔者认为，在夫妻没有特别约定的情况下，应该仍是共同所有。因为我国《民法典》规定婚后所得原则上为共同所有，除了几种例外情形和双方另有约定，而要求分割与约定"财产分别制"是两个完全不同的概念，不能混为一谈。

第四，受损方起诉要求撤销配偶的擅自出售行为。一方擅自出售共有财产，受损配偶能否追回，要看购买方是否构成善意取得。若对方不构成善意取得，则受损配偶有权追回财产本身（物权）；若对方构成善意取得，则受损配偶无权追回财产，只能要求擅自处分方（过错方）赔偿。

根据《民法典》第三百一十一条第一款规定，构成善意取得要同时满足三个条件：（1）受让人主观是善意的，不知道也不应当知道转让人是无权处分；（2）受让人支付了合理的对价，不低于交易时市场价的70%；（3）已经完成了所有权的转移，不动产已经登记过户，动产已经交付。

第五，若配偶将财产赠与第三人，财产涉及夫妻共同财产的，受损方可起诉配偶和第三人要求撤销赠与，返还财产。第三人接受赠与，并非花钱购买，不存在善意取得。

第六，在离婚诉讼或离婚后财产分割诉讼中，调查配偶（前配偶）隐瞒、转移、擅自处分的财产，并要求分割该部分财产。当事人可以到房管、车管和市场监督部门查询相关的档案，可以在诉讼中委托律师申请法院出具律师调查令，调查银行流水，通过流水顺藤摸瓜，找到更多的财产线索。

第七，若配偶立遗嘱将财产留给第三人，这里的第三人，包括非婚生子女、有不正当关系的第三者、法定继承人之外的人。每个人只有权处分自己个人的财产，若遗嘱涉及其他人的财产，包括配偶的财产、其他家庭成员的财产，这部分是无效的。若一个人立遗嘱将自己的财产留给第三者：第三者没有配偶的身份，并非法定继承人，且介入他人的家庭，主观上存在过错，若通过被继承人的遗嘱取得财产，有违公序良俗，损害了被继承人配偶的物质利益和情感利益。继承人可以此提出遗嘱无效（该部分无效）之诉。若一个人立遗嘱将自己的财产留给非婚生子女：非婚生子女享有和婚生子女同等的法律权利，也是第一顺序的法定继承人，且非婚生子女来到这个世上，并非出于自己的选择，其没有过错，其有权继承亲生父母的遗产。

成功索回500万元，妻子二审绝地反击小三启示录①

甲女和乙男是夫妻。乙男在隐瞒甲女的情况下，先后将500万元（为陈述方便，取整数，下同）款项转给第三者丙女，丙女用其中一部分款项购买了一套房产，直接登记在自己名下。乙男和丙女的私生子丁已经十几岁，甲女才发现。甲女起诉丙女要求返还500万元，一审法院将乙男列为第三人。一审法院认为500万元是乙男应支付给丁的抚养费，判决驳回甲女的诉请。

甲女提起上诉，笔者作为代理发现一审判决存在法律关系和定性错误。抚养费纠纷的主体是丁和乙男，应由丁向乙男主张。本案是侵犯夫妻共同财产权，丈夫擅自将夫妻共同财产赠与小三，妻子要求小三返还。怎么能将两者混为一谈呢？最终二审法院改判丙女返还甲女500万元。

上诉的七点理由

第一，乙男与丁是否具有亲子关系，不能仅凭出生医学证明上的登记推定，且丙女的户口登记本显示"已婚"状态，不能排除丁的生父另有其

---

① 本案例为作者代理案例改编，仅为说明具体问题，供读者研究和参考。

人。丙女应以丁的名义另行起诉，申请亲子鉴定，若确认乙男和丁存在亲子关系，乙男才有义务支付抚养费。

第二，抚养费的权利人是丁，义务人是乙男，两人并非本案的原告和被告，一审判决超越了本案的诉讼请求和审理范围，严重违反了民事诉讼"不告不理"的原则。

第三，以丁的年龄，按照一审判决的标准，每年的抚养费相当于30多万元，远远超出本地的生活水平、孩子的实际需要和乙男的负担能力。且丙女作为母亲，依法应当承担50%的抚养费用。法律规定非婚生子女与婚生子女法律地位平等，但没有规定非婚生子女必须与婚生子女维持同样的生活水平，且丙女和丁的实际生活水平已经远远超出甲女、甲女与乙男的婚生子女（列举了事实，此处略）。

第四，抚养丁的义务，属于丁的父母，甲女对丁无任何法律义务。妻子作为无辜受害者，已承受了巨大的痛苦和羞辱，没有任何理由为丈夫和第三者的婚外情买单、为丈夫的私生子女支付任何抚养费。

第五，一审判决违反了物权优于债权的原则。甲女的主张是基于共同财产所有权即物权，而丙女主张的抚养费及劳动报酬是债权。根据物权优于债权的原则，丙女应先将财产返还给甲女。若丙女认为其对乙男享有债权，应另案主张。

第六，一审判决不具有可操作性。一审判决让"原告在主张分割夫妻共同财产时向第三人提出主张"，但是乙男已经将巨额财产转移给了丙女，甲女根本无法向乙男要求分割财产，一审判决让甲女实际追讨回财产的可能性落空。

第七，登记在丙女名下的房屋，已经增值至人民币1000万元以上（为何甲女不主张返还物权，请看下文分析）。丙女罔顾道德，肆意插足他人家庭，长达十几年之久，还对甲女言语侮辱。即使将500万元返还给甲女，丙女也因自己不道德、不合法的行为获利数百万元。事实上，丙女和丁的全部开支都由乙男承担，只不过乙男多数给现金和直接刷卡，无法证明。

二审的四大诉讼策略

笔者经过对卷宗材料的深入分析，与甲女详尽的沟通，笔者判断一审中甲女及代理律师有三处失策。笔者向甲女充分说明，结合甲女的意见和实际情况，采取相应的对策：

第一，关于本案的定性。一审代理律师在代理词中称本案为赠与，一审法院也将本案定性为赠与纠纷。但本案的原告甲女和被告丙女之间是不存在任何合同关系的。在此之前，甲女也不认识丙女。甲女在客观上已证明乙男将属于夫妻共同财产的500万元转移给了丙女，丙女购置房产并消费挥霍，乙男还用夫妻财产100万元为丙女购置商铺，故乙男和丙女共同侵犯了甲女的财产权。至于乙男和丙女之间的法律关系，要看丙女的抗辩和举证，由法院最终认定。丙女称她在乙男开的公司工作，部分款项是她的工资和奖金，但丙女没有提供充分的证据，一审法院也没有认定存在劳动关系。

在上诉状中，我方回避了案由的问题。因为案由是法院来依定，当事人只要证明基本的事实和法律关系。当然，我方强调了甲女和丙女之间不存在赠与关系，亦不存在任何合同关系。

第二，甲女尽量和乙男"划清界限"。虽然甲女和乙男是夫妻，但又是相互独立的个体。在诉讼策略上，甲女应该尽量跟乙男撇清关系。乙男出轨并转移巨额财产，是始作俑者，按照情理，甲女应当表现出对乙男的深恶痛绝，事实也如此。但因为甲女没有独立的经济能力，甲女的律师是乙男聘请，而且所有的证据都在乙男手里面。所以，甲女、乙男和代理律师表现出对丙女的"同仇敌忾"。

有一种声音说：小三付出多年的青春，没名没分，有的还独立将子女抚育大，如果要求小三返还全部财产，那么左拥右抱的男人没有受到任何惩罚，享尽齐人之福，实在太不公平，等于鼓励了男人的无耻行径，进一步拉低道德底线。

有鉴于此，笔者采取了以下对策：1.在上诉状中，对男方的行为作出否定性评价和道德上的抨击，同时注意用词的分寸。2.拒绝了乙男希望笔者的同事担任其二审代理人的要求。如果同一家律所的律师分别担任甲女和乙男的代理人，会给法院"夫妻一体"的不良观感。3.让甲女和乙男在二审开庭时分席而坐，且不要有交流。总之，尽量拉开两人的距离。

如果是笔者代理一审案件，会让甲女在庭上表达对乙男和丙女同样强烈的谴责，并让甲女亲笔书写意见，让法官明白甲女的苦衷——甲女一点情况都不了解，全部的证据都在乙男手里，甲女为讨回公道，只能忍辱负重，不与乙男撕破脸皮。甲女并非被乙男操纵的工具，更非助纣为虐。在类似案件中，代理妻子一方的律师都要注意这一点。

第三，讲述甲女的婚姻故事，激发二审法官的同情和共鸣。一审中甲女没有讲述背后的完整故事，没有呈现自己对家庭多年来的牺牲与奉献。这点是很致命的，家事案件中，情感的因素，对法官的内心判断有相当的影响。笔者让甲女将其婚姻历程和家庭生活做详细的文字描述，在上诉状中用专门的篇幅和真实可信的细节去讲述，突出甲女具有的中国女性传统的贤惠孝顺、温良谦恭，在创业道路上夫妻的胼手胝足。

因为家庭生活琐碎、重复的特点，以及亲人之间的信赖与惯性，所以不可能所有的事情都有法律意义上的证据，法官往往是综合证据、当事人的陈述（包括当事人具体说的内容，当事人的表情、语气语调、肢体语言等）、生活经验、日常逻辑等在内心形成判断，所以律师也不能局限于形式逻辑的死板思维，一定要做到情理法交融。

第四，当庭强调一审的价值取向错误。甲女特意书面申请了二审合议庭的三位法官都亲自参与庭审，以充分查明事实，甲女以此举宣告自己的冤屈重大，引起了二审三位法官的重视。

甲女对三位法官道出她的心声：她不仅遭受了巨额财产损失，在精神上更是遭受了毁灭性的打击，一审判决是在无辜受害的妻子的伤口上撒盐，变相鼓励通过当第三者不劳而获巧取豪夺巨大利益，造成恶劣的示范作用，恳请二审法官能为她主持公道，净化社会风气，维护家庭秩序。

本案留下的两个思考

第一，甲女是否有权要求丙女将房屋过户给甲女，而不是返还款项；第二，甲女是否有权要求丙女返还乙男给丙女的全部款项。

对于第一个问题，根据近年的司法判例，如果男方出资，不动产直接登记在第三者名下，通常法院会认为男方及妻子无权要求返还物权，只能要求返还出资。若不动产原本在男方名下，男方将不动产过户给第三者，则男方和妻子有权索回不动产的物权。

对于第二个问题，学术界和司法界有两种不同的看法和处理。有的认为丈夫有权处置属于自己的50%的份额，妻子只能要求返还50%。有的认为夫妻共同财产在分割之前是一个整体，第三者应全部返还。

本案中，一审法院持第一种观点，判决丙女将商铺购买款项返还50%给甲女。

二审法院持第二种观点，判决中写道："在婚姻关系存续期间，夫妻共有财产是一个不可分割的整体，双方均对全部共有财产不分份额地共同享有所有权，任何一方无权对共有财产划分个人份额，在没有重大理由时，也无权于共有期间请求分割共同财产。夫妻对共有财产享有平等的处理权，但并不意味着夫妻对共有财产享有一半的处分权，对于夫妻共有财产的处分，应由夫妻双方协商一致。"

第三节　分居期间财产处理

分居是指夫妻双方没有共同居住在一起。分居有客观原因，比如工作、创业、照顾老人孩子的需要，不得已而分居；也有主观原因，如矛盾重重，无法相处。本节讨论的分居，特指因感情不和而分居。有些夫妻无法生活在同一个屋檐下，甚至婚姻早已名存实亡，但基于某种考虑（比如保护家庭隐私，不伤害孩子，避免负面舆论影响事业），不想离婚，或暂时不能离婚，于是分居两处。还有的人为了离婚做准备，也会搬走，以免诉讼期间抬头不见低头见，实在太尴尬，更有甚者，人身安全都时刻受到威胁，不得不"敬而远之"。即使长期分居，不闻不问，双方在法律上还是夫妻，彼此仍有法律上规定的配偶之间的权利义务。

一、关于分居的法律规定

我国法律没有建立分居制度，《民法典》关于分居的规定，只有第一千零七十九条这一条的规定。因感情不和分居满两年，一方坚决要离婚，即使对方不同意离婚，也视为感情破裂，应准予离婚。法院判决不准离婚后，双方又分居满一年，一方再次起诉要求离婚，应当准予离婚。《民法典》第一千零七十九条规定，夫妻一方要求离婚的，可以由有关组织进行调解或者直接向人民法院提起离婚诉讼。人民法院审理离婚案件，应当进行调解；如果感情确已破裂，调解无效的，应当准予离婚。有下列情形之一，调解无效的，应当准予离婚：（一）重婚或者与他人同居；（二）实施家庭暴力或者虐待、遗弃家庭成员；（三）有赌博、吸毒等恶习屡教不改；（四）因感情不和分居满二年；（五）其他导致夫妻感情破裂的情形。一方被宣告失踪，另一方提起离婚诉讼的，应当准予离婚。经人民法院判决不准离婚后，双方又分居满一年，一方再次提起离婚诉讼的，应当准予离婚。

二、分居的法律后果

第一，离婚诉讼中判断感情状况的客观标准之一。首先要澄清一点，不存在分居两年自动离婚，本身就不存在自动离婚，离婚必须办理法律手续，无论是登记离婚还是诉讼离婚。只能说，分居是判断感情状况的相对客观的标准。根据《民法典》第一千零七十九条的规定，离婚诉讼中，夫妻一方（原告）有证据证明因感情不和分居满两年，即使对方（被告）不同意离婚，法院也可以认定双方感情破裂。《民法典》第一千零七十九条还增加了一种情形：经人民法院判决不准离婚后，双方又分居满一年，一方再次提起离婚诉讼的，应当准予离婚。

第二，双方在法律上还是夫妻，如果不签订书面协议，不对财产作出约定，依然适用法定夫妻财产制度。

第三，分居不离婚的风险：一方可能背上配偶对外的债务，毕竟双方还是夫妻，外人往往不清楚双方的分居情况。分居夫妻一方对外举债，债务属于夫妻共同债务还是一方个人债务，与未分居夫妻的判断标准是一样的。

三、分居协议的效力

对于长期分居又暂未打算离婚的夫妻，最好签订书面的分居协议，对居住、孩子的抚养照顾、财产的归属支配和处分、债务的承担等家庭事项的安排、双方的权利义务做出详细约定。

第一，分居协议对内的效力。分居协议在夫妻之间是有效的（当然，前提是不具有合同无效的情形），如果签订了分居协议，夫妻双方有明确的财产约定，这属于是婚内财产约定的一种，那么，离婚时的财产分割，就按照分居协议中对财产的约定来处理。

《最高人民法院关于人民法院审理离婚案件处理财产分割问题的若干具体意见》第四条规定"夫妻分居两地分别管理使用的婚后所得财产，应认定为夫妻共同财产。在分割财产时，各自分别管理、使用的财产归各自所有，双方所分财产相差悬殊的，差额部分，由多得财产的一方以与差额相当的财产抵偿另一方"。这份意见，已于2021年1月1日失效，见《最高人民法院关于废止部分司法解释及相关规范性文件的决定》法释〔2020〕16号。依据夫妻法定财产制度的原则以及《民法典》第一千零六十二条，分居期间一方取得的财产仍属于夫妻共同财产（除《民法典》第一千零六十三条的例外情况）。但是，也有个别判决将分居期间所得的部分或全部财产认定为个人财产，相应地，将分居期间的债务认定为个人债务，以实现个案的公平。

第二，分居协议的对外效力。如果第三人不知道也不应当知道夫妻双方分居及分居协议的约定，也就是说，第三人主观上是善意的，那么，第三人与夫妻一方进行重大的财产交易，比如向夫妻一方购买房屋，第三人支付市场对价，房屋已经过户，第三人取得房屋产权，夫妻的另一方无权追回房屋，只能追究配偶擅自处分房屋的责任（可要求婚内分割财产、离婚的时候索赔损失）。分居期间，如果夫妻一方对外举债，判断是属于夫妻共同债务还是个人债务，与没有分居夫妻的标准和原则都是一样的。因为双方之间仍有夫妻关系。此外，如果夫妻一方能证明债权人明知或应知夫妻双方的分居协议（婚内协议）约定财产归各自所有，债务各自承担，那么，该债务属于举债方的个人债务。

请特别注意：分居协议不能免除彼此的法定义务，不能对人身自由做出限制。比如夫妻之间相互的扶养义务，对子女的抚养义务，即使协议免除了这些义务，也是无效的。

四、签订分居协议的注意事项

第一，要写明分居的原因是感情不和还是其他的原因。

第二，写明分居的具体方案，某一方何时搬离现在的住所，各自居住在哪里，是租房居住，还是住在酒店。

第三，详细约定对子女的抚养、老人的赡养。除约定抚养费、赡养费的金额及支付方式之外，对老人、孩子的具体安排、照顾、探视，都要尽量细化，并且贴合实际，易于操作，保障老人、孩子的权利和生活质量。

第四，详细约定各项财产的归属、占有、管理、收益分配和处分等，包括婚前所得财产，婚后所得财产，以及分居期间（未来）将会取得的财产。

第五，涉及财产如房产、股权、车辆的变更登记，应当尽快履行，以避免一方反悔，产生纠纷，也避免一方擅自把财产转移给第三人。

第六，约定各自对外的负债为个人债务，举债方自行承担。但是这个约定的效力是对内的，不能对抗债权人（除非夫妻一方能证明债权人明知该约定），如果一方对外承担了对方的债务，有权要求对方按照约定返还等额款项。

第四节　签订离婚协议的三十二个注意事项

离婚有两种途径，一种是协商离婚，也就是到民政局登记离婚，双方都同意离婚，并且对财产分割、债务处理和子女抚养等全部事项都达成一致，签订书面的离婚协议，并且双方亲自到民政部门办理离婚手续，将离婚协议在民政局备案，民政局经过审查双方证件资料和离婚协议后，颁发离婚证书。还有一种途径是诉讼离婚，到法院打官司，如果一方想离，另一方不想离，或者双方都同意离，但是对财产分割、债务处理、子女抚养等任一事项存在分歧，无法达成一致，就只能到法院起诉。

近年还有第三种途径，即把前面两种途径结合起来，双方当事人已经对离婚的相关事项达成一致，签订离婚协议，约定一方去起诉立案，双方通过法院的诉前调解程序、速裁程序拿到调解书。这样做的原因和目的有两个：第一，登记离婚有一个月的冷静期，担心对方会反悔。去法院起诉，可以做两手准备，一种情况是双方顺利按照约定拿到离婚调解书，另一种情况，如果对方反悔，一方可以继续走程序，不耽误时间，双方可以在诉讼的整个过程中协商，也可以等法院最终判决。第二，通过法院离婚，无论是调解离婚还是判决离婚，调解书和判决书都是生效的法律文书，可以直接申请执行。而登记离婚，如果一方不履行离婚协议，对方不能直接申请强制执行，必须先起诉确认离婚协议的效力，要求对方履行离婚协议中的约定。

无论是哪一种途径，离婚协议都是非常重要的，包括在登记离婚中的离婚协议，以及在诉讼调解当中的离婚协议。如果男女双方能够协商一致，可以节约大量的时间、精力、费用，不必撕破脸皮，保留最后的颜面和情分。结婚、离婚都是人生中的大事，婚姻生活本身就非常复杂，离婚协议会牵扯很多的事项，双方不能草率、冲动，要冷静下来，考虑周全，约定清晰无误，不要有遗漏、歧义，要多听听亲人朋友的建议，尽量委托法律专业人士起草把关。否则很容易有后遗症，引起大量的冲突，甚至是连串的诉讼，带来无尽的痛苦和烦恼。

笔者结合自己十几年来的处理家事纠纷尤其是离婚纠纷的经验，将协议离婚中应当注意的问题总结为三十二个，全方位涵盖，细化到户口、学位、姓氏等实际问题如何处理，有需要的读者可以根据具体情况来运用。

（一）财产的明细分割

1.逐一列出哪些是个人财产，哪些是共同财产，如何分割或者属于哪一方所有。

2.房屋的地址必须和产权证保持完全一致，写上产权证号。如果房屋没有产权证或尚未办理产权证的，必须写明详细的、正确的地址，把买卖合同编号、签署时间写上。可把房产证和买卖合同作为附件。

3.房产上尚有抵押登记的，要咨询清楚银行是否同意变更主贷人或减少共同抵押人（银行通常是不同意的，除非当事人另行提供担保人或提供其他财产作为担保）。涉及银行办理贷款变更手续以及到房地产交易中心办理产权变更手续，都需要双方亲自到场，并提供齐备相应的资料证件。离婚协议中必须写明双方的上述义务、履行期限以及不配合的后果（违约金或财产的重新分配方案）。

4.房屋涉及代持人，股票涉及代炒人，夫妻双方和代持人、代炒人签署协议，让代持人和代炒人签名确认。

5.银行存款不仅要写明共同存款的币种、数额，还要写明存于谁的名下，具体的开户行（写到分行支行）以及账号。

6.股票（基金、债券）要写明代码、账号、开户的交易所，离婚时的市值等基本信息，写明是属于婚前个人财产还是婚后共同财产，约定离婚的归属和处置等。

7.涉及公司股权或合伙财产份额的，如果是一方继续持股或持有合伙财产份额，给另一方补偿，则写明补偿款金额及支付方式。

8.若持股方将股权全部或部分转让给另一方，还必须符合公司法和公司章程的相关规定及股东协议的特别约定（如有）。比如有限责任公司的股权转让，必须经过半数股东同意，其他股东明确表示放弃优先购买权。接受股权的一方必须取得相应的书面文件。

9.若将合伙企业的财产份额全部或部分转让给另一方，必须符合合伙企业法、合伙企业章程及合伙人协议的特别约定（如有）。比如须取得其他合伙人放弃优先购买权、一致同意该转让的书面文件。

（二）财产的笼统性约定

10.若约定"没有共同财产"或"没有其他共同财产"——离婚后，一方以尚有夫妻共同财产未处理为由向人民法院起诉请求分割的，经审查该财产确属离婚时未涉及的夫妻共同财产，人民法院应当依法予以分割（《最高人民法院关于适用〈中华人民共和国民法典〉婚姻家庭编的解释（一）》第八十三条）。

11.若约定"各自名下的财产归各自所有"，离婚后无权再要求分割。对经济上处于弱势，或并不清楚配偶真正财产状况的一方，其丧失了日后要求分割财产的权利，非常不公平。

（三）债务的处理

12.逐一列出对外的债务，具体约定如何承担，由一方承担，还是双方承担，各占多少比例，具体金额多少。

13.约定"各自债务由各自承担"，若该债务依法为共同债务，债权人有权要求双方承担连带责任（个人财产以及共有财产中的个人份额都是责任财产）。可约定一方承担债务后，有权向配偶（前配偶）追偿（《最高人民法院关于适用〈中华人民共和国民法典〉婚姻家庭编的解释（一）》第三十五条）。

（四）借款、补偿、过错赔偿

14.若一方要向对方支付款项（财产分割款、夫妻之间的借款、家务补偿款、困难帮助款、过错赔偿款），要具体写明款项的性质、事由、金额、支付期限、逾期支付的违约金等，具体可参见《民法典》第一千零九十条、第一千零九十一条，《最高人民法院关于适用〈中华人民共和国民法典〉婚姻家庭编的解释（一）》第八十二条、第八十六条。

（五）抚养费

15.抚养费的几项内容最好分别约定，即约定日常生活费如何承担，教育费和医疗费按照实际开支各自承担50%或具体如何承担。

16.可约定抚养费逐年（或每隔几年）增加的百分比或具体金额。随着物价的上涨和子女年龄的增长，各方面的开支都可能增加，事先约定抚养费如何递增，双方就不必再为此专门协商，避免发生争议乃至诉讼。

17.约定支付的方式：通常以转账、微信、支付宝等方式，快捷方便，也易于证明，记得注明用途。若以现金形式，应让接收方每次出具收据，写明款项的金额、用途（具体属于哪个期间的抚养费）。

18.支付的期限：最好约定至本科毕业。对于有能力和意愿的父母，孩子研究生及留学期间的费用如何承担，也可以约定。

（六）探视权

19.探视的约定一定要具体明确，写明日常探视的次数（如每周一次或两次、两周一次等）、每次交接的时间和地点。

20.约定国家法定节假日、寒暑假如何行使探视，或子女随哪一方短暂生活，传统节假日可约定孩子跟双方轮流度过。

21.年幼的孩子（比如两三岁），上门探视或白天短暂接走为宜，年龄大些的孩子，可接走或者过夜。

22.不能强制执行孩子的人身行为。建议在离婚协议中约定若一方恶意阻挠探视，须支付违约金，对方有权要求变更抚养权。

（七）户口、姓氏和学位

23.户口：户口纠纷不属于法院的受理范围，公安机关也无权干涉。而涉及一方或孩子户口迁移，必须双方配合提供户口本原件及相关证件。因此应在协议中写明不迁出户口或者不配合办理手续的法律责任，来约束当事人。

24.姓氏：离婚后未经对方同意，不得变更孩子的姓氏，否则对方有权要求变更回来。所以，若双方协商一致要更改孩子姓氏，应在离婚协议中写清楚，这样一方就不能要求法院责令恢复姓氏。若一方担心对方更改孩子的姓氏，可以在离婚协议中明确一方不得擅自更改子女姓氏并约定足额的违约金或其他违约责任，这样可以有效限制对方的行为，尽量减少诉讼。

25.学位：在处理房产的归属和安排居住时，要考虑到子女就读幼儿园、小学、中学的需要，尽量把学位房留给日常照顾子女的一方，方便子女上学放学。还可以把房屋的产权和居住权分开，让子女和抚养方享有居住权，另一方享有产权，在离婚协议中约定居住权的期限和条件。

（八）违约金

26.对于离婚后双方应当履行的义务，诸如支付补偿款、配合办理产权过户等均应当明确相应的履行期限。

27.对各方未依约履行约定义务所应承担的违约责任进行约定，如此才能有效督促履约方积极履约，同时也能在其违约时通过主张违约金弥补自身的损失。违约金可以约定总金额，也可以按日计算，约定每日的具体金额或每日按逾期金额的一定比例（如万分之五、千分之三等）计算。

（九）财产约定如何不被撤销

28.在领取离婚证之前，离婚协议都不生效。一方或双方可以在诉讼中推翻，故对己方有利的财产约定，可签订婚内协议，不要出现离婚字眼及离婚的意思表示，这样对方就不能请求推翻（《最高人民法院关于适用〈中华人民共和国民法典〉婚姻家庭编的解释（一）》第六十九条）。

29.还可在离婚协议中明确约定，即使协议离婚不成，该协议关于财产和债务的内容仍然有效，视为双方的婚内约定，双方均不得反悔。

（十）最好办理公证

30.协议公证：财产协议中涉及赠与内容的，进行公证后，赠与方不得

撤销（《民法典》第六百五十八条、第六百六十条）。

31.赋强公证：婚姻协议（婚前协议、婚内协议、离婚协议、离婚后财产协议）涉及给付（一方向另一方支付）事项的，尤其是给付周期长的，或存在不确定因素的（以特定条件实现为前提），或给付方违约风险大的，可办理赋予强制执行效力的公证，如果发生纠纷，可以根据公证书直接申请法院强制执行，无须经过诉讼程序，极大节约了诉讼成本和司法资源。

32.提存公证：在上述情况下，如果给付方有能力也愿意，可以直接办理公证提存，对于接受方更有保障，避免了执行不到的风险。对于给付一方，也可以消除顾虑，比如设置给付条件、分期给付，避免接受方违约或挥霍。公证处的独立性和公信力，能为各方当事人提供公平的保障。

案例：一字之差，值一套房[①]

离婚协议中的一字之差，让男方差点丢了一套房子！事情是这样的，2014年某月某日，男方、女方在民政部门签署《离婚协议书》，并领取离婚证。《离婚协议书》第三条"夫妻共同财产的分割"项下第一款约定："男方所有的房产：南京市某房屋离婚后所用权归其本人所有。"男方认为协议书"所用权"为所有权的笔误，女方认为协议书"所用权"为使用权的笔

---

① 二审判决：江苏省南京市中级人民法院（2015）宁民终字第4041号，载中国裁判文书网，https://wenshu.court.gov.cn/website/wenshu/181107ANFZ0BXSK4/index.html?docId=CrwctswsbZUr6p1N0CrblpgaiKq7uVNNwR1s88kUrZ4/1C+gjUYijp/dgBYosE2gpMETOMFw275ep4DB3l0Sqzi7a1gzeZ/a0tS85NvcvikWHcIXWKpRgjBg0J24uvVr，最后访问日期：2023年1月8日。

再审判决：江苏省高级人民法院（2016）苏民再229号，载中国裁判文书网，https://wenshu.court.gov.cn/website/wenshu/181107ANFZ0BXSK4/index.html?docId=arQ0BuCRnZ+r6snrp0GkSfL9aQZHJKrU9GnlceMomhHifVa8iXaN/Z/dgBYosE2gpMETOMFw275ep4DB3l0Sqzi7a1gzeZ/a0tS85NvcvikWHcIXWKpRgnvpjtpwMGsr，最后访问日期：2023年1月8日。

误（注：该房屋系男方婚前购买，初始登记在男方名下，双方结婚后，登记为双方共同共有）。

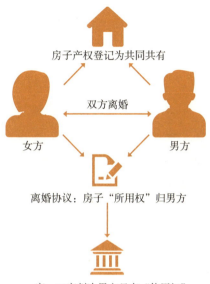

一审、二审认定男方对房子只有"使用权"，驳回男方的诉请。男方不服，申请再审。再审法院认定男方对房子享有的是"所有权"，判决女方协助男方办理房屋的过户手续。再审判决给出三点理由："首先，从关联条款的内容来看，《离婚协议书》第三条表述为夫妻共同财产的分割，除第一款外，其他三款均对夫妻共同财产及婚前财产的权属作出了明确的约定，故第一款也应当是对诉争房屋的权属分割的约定。女方认为第一款仅对诉争房屋的使用权作出约定，显然与《离婚协议书》第三条夫妻共同财产的分割的前提不符。其次，从协议的目的来看，《离婚协议书》系夫妻双方离婚时对夫妻共同财产的归属等重大事项经协商一致而形成的书面协议，其目的就是通过协商的方式对双方婚姻的解除及财产的分割进行处理。双方对其他财产的归属作出了约定，诉争房屋作为双方夫妻共同财产的重大财产，在双方协议离婚时对该财产的权属不作约定，显然达不到双方协议离婚对财产进行分割的目的。最后，从条款的文义来看，女方明知诉争房屋在双方离婚之前已属于夫妻共同财产，但在拟订《离婚协议书》第三条第一款时就先明确男方所有的房产，可见该条款对诉争房屋的权属进行了确认，故所用权一词并不影响该条款对诉争房屋权属分割的约定。"

离婚协议具有人身性质，不能直接适用《合同法》[1]（《合同法》第二条第二款"婚姻、收养、监护等有关身份关系的协议，适用其他法律的规定"）。但是，在某些情况下，身份关系的协议可以参考适用《合同法》。再审判决的法律依据中，也列出了《合同法》第八条、第六十条、第一百二十五条第一款。[2]一、二审法院着眼于"所用权"本身，将其认定为"使用权"。而再审法院是根据《合同法》第一百二十五条第一款，即结合离婚协议的上下文、离婚协议的目的，加上民法"诚实信用"的基本原则来推定离婚协议中的"所用权"就是"所有权"。《合同法》第一百二十五条第一款规定，"当事人对合同条款的理解有争议的，应当按照合同所使用的词句、合同的有关条款、合同的目的、交易习惯以及诚实信用原则，确定该条款的真实意思"。

不论女方是"别有用心"还是男方"粗心大意"，如果在签订离婚协议前，男方请律师仔细审核离婚协议，相信都不会出现这样的低级错误，不会遭遇后来两年横跨三级法院的诉讼。当事人进行诉讼活动要承担高额的成本——费用成本、时间成本、精力成本和心理成本。这样一再对簿公堂，对于司法资源，也是一种极大的消耗。本案男方是幸运的，最终他反败为胜。其实，对于任何诉讼当事人，诉讼还有各种主观、客观的风险，结果是不确定的。与其承担高额的成本和不确定的结果，为何不防患于未然，在进入交易、签订协议之前，就委托律师进行全面审查呢？专业的事情，应该留给专业的人来做。不要盲目自信，更不要心存侥幸。

---

① 《合同法》已被《民法典》废止。
② 本案发生在 2015 年、2016 年，《民法典》尚未颁布。

第五节　离婚协议的变更

一、双方协商一致，可对离婚协议进行变更

离婚协议分为财产性约定（财产的分割、债务的承担、款项的支付）和人身性的约定（抚养权、抚养费、探视权）。如果双方离婚后协商一致，可以对离婚协议或者离婚判决书、调解书中的内容进行变更或补充，相当于双方达成了新的和解。当然，前提是没有违背公序良俗，没有损害其他人的合法权益。毕竟生活每天都在变化，当事人最清楚什么样的安排是合适的。比如说孩子的抚养权、抚养费的金额和支付方式、探望的方式，双方可根据实际需要来协商，法律上以有利于孩子的健康成长为第一考虑。

双方也可以对财产的约定作出变更，甚至即使原来的约定已经履行，双方只要达成一致，可以撤销之前的约定，按照新的约定重新履行。双方在离婚之后作出的约定，包括签订的协议，不需要到民政局或法院登记备案，这是因为双方之间的婚姻关系已经解除，双方之间的约定是两个普通民事主体之间的约定。

二、单方要求变更离婚协议

（一）婚姻关系：无论是登记离婚，还是诉讼离婚，婚姻关系解除后，不能直接恢复，两人都愿意复婚的，必须共同到民政部门办理登记手续。一方也不得要求民政部门或法院认定婚姻关系解除无效。《民法典》第一千零八十三条规定，离婚后，男女双方自愿恢复婚姻关系的，应当到婚姻登记机关重新进行结婚登记。

（二）财产性权益（财产的分割、债务的承担、款项的支付）：如果一方证明自己是被对方欺骗或者威胁逼迫才同意相关约定的，可以向法院要求撤销相关约定。注意，原来要求这种情形必须在离婚之日起一年内起诉，但根据《最高人民法院关于适用〈中华人民共和国民法典〉婚姻家庭编的解释（一）》第七十条的规定，[①]取消了一年的限制。

（三）人身性权益（抚养权、抚养费、探视权）：对于离婚协议中的人身性约定或离婚的调解书、判决书中的人身性内容，比如子女跟随哪一方生活，子女的费用如何承担，探视子女的次数时间地点，子女的户口迁入迁出，子女的读书居住安排，等等，男女双方如果协商一致，可以做出实质性变更，或者书面约定。如果一方想变更，对方不同意，那么一方只能向法院起诉，法院根据实际情况，根据"最有利于未成年人身心健康成长"的原则进行判定。

三、注意事项

第一，离婚最好采取协商的方式，但也不能为了尽快离婚，就草率地处理，甚至是放弃自己的重大利益，必须深思熟虑，充分考虑各方面的情况以及日后可能发生的变化，不要因为受到某些压力就轻易妥协。一旦婚姻关系解除，离婚协议生效，单方要求变更或撤销离婚协议的约定难度比较大，法院审查非常慎重。如果没有充分证据证明，签订离婚协议是受到欺诈或胁迫，很难推翻离婚协议中的财产性约定。

第二，离婚协议不以"公平""等价有偿"作为合法效力的判断标准，

---

① 《最高人民法院关于适用〈中华人民共和国民法典〉婚姻家庭编的解释（一）》第七十条规定，夫妻双方协议离婚后就财产分割问题反悔，请求撤销财产分割协议的，人民法院应当受理。

人民法院审理后，未发现订立财产分割协议时存在欺诈、胁迫等情形的，应当依法驳回当事人的诉讼请求。

即通常不能以"有失公平"为由推翻离婚协议。如果离婚协议类似净身出户，剥夺了一方的生存权，或者巨额赔偿确实远远超过一方的实际支付能力，那么法院可能会应该方的要求酌情调整。

第三，双方离婚后，如果经过协商，一致同意对离婚协议进行变更，最好委托专业律师把关，注明变更的理由和考虑，约定违约责任。有可能的话，尽快履行变更后的内容。如果因客观原因，要经过相当长的时间才能履行，那么最好对协议进行公证。

第六节　离婚财产的分割

一、法定夫妻财产制度简介

对于我国法定夫妻财产制度，笔者高度概括成三句话，便于读者记忆和理解：

第一，婚前财产归个人所有，婚后不转化。以结婚登记之日为界限，在结婚登记之日以前的财产属于个人财产，无论结婚多少年，都不发生转化，不会变成夫妻共同财产，除非双方约定共有或赠与对方。

第二，婚后财产原则上共同所有。结婚登记之后取得的财产，原则上是共有的，除了法律规定的几种例外情况，即《民法典》第一千零六十三条规定的几种情况，如一方因受到人身损害获得的赔偿或者补偿、遗嘱或者赠与合同中确定只归一方的财产、一方专用的生活用品等其他应当归一方的财产。

第三，有约定的按照约定。夫妻双方对婚前财产以及婚后财产的归属、收益分配、处置等事项有书面约定的，以书面约定为准，这个约定就相当于夫妻之间的"法律"。

二、离婚分割财产的几个原则

第一，个人财产不分割。首先要界定财产是属于个人财产还是夫妻共同财产。财产属于夫妻双方的共同财产是分割的前提。如果属于一方的个人财产，则不分割。

第二，共同共有财产原则上平均分割。1.对于双方没有约定具体份额的共有财产，比如产权登记为共同共有的房产，原则上双方平均分割。2.夫妻婚后法定共有的财产，如用夫妻共同财产购买、登记在一方名下的不动产，属于双方法定共同共有，原则上双方平均分割。

第三，有约定的按照约定处理。夫妻自愿达成离婚协议的，按照协议来处理。要特别注意一点，无论是在民政局登记离婚，还是在法院调解离婚，离婚协议在夫妻关系依法解除时才生效。

第四，倾斜分割的几种情形。根据《民法典》第一千零八十七条，在法院判决的情况下，法院依法应照顾子女、照顾女方、照顾无过错方。法官具有一定的自由裁量权，根据个案的具体情况，可以适当倾斜分割。

三、离婚多分财产的十个策略

第一，在起诉前，尽可能收集证据，从多方面进行调查，综合运用各种合法手段，把对方名下的财产，对方隐藏、转移的财产都查出来，扩大共有财产的范围，也避免日后另行起诉的麻烦。起诉后发现对方名下的财产，在举证期限内的，可以增加诉讼请求要求分割。已经超过举证期限的，法院通常不同意增加诉讼请求，当事人可日后另行起诉。对于二审增加诉讼请求要求分割财产的，如果双方对此能够调解，法院可一并处理，如果双方对此不能调解，只能日后另行起诉。而根据《民法典》第一千零九十二条和《最高人民法院关于适用〈中华人民共和国民法典〉婚姻家庭编的解释（一）》第八十三条，在离婚后新发现的财产、离婚时尚未处理的财产，在离婚后可以另行起诉要求分割。

第二，在起诉前或起诉的同时，申请查封对方名下的财产，以防对方转移财产。尤其对只登记在对方名下的房产，以及对方单方掌控、其可自由支配的财产，更要及时申请查封。法院根据查封的财产数额收取保全费用，每件不超过5000元。申请财产保全，通常法院还要求申请人提供担保。有些法院允许申请人以拟查封财产中自己占有的份额作为担保，不用另行提供担保。

第三，若对方损害夫妻共同财产或伪造债务，己方举证予以证明，要求法院少分或不分财产给对方。根据《民法典》第一千零九十二条规定，夫妻一方隐藏、转移、变卖、毁损、挥霍夫妻共同财产，或者伪造夫妻共同债务企图侵占另一方财产的，在离婚分割夫妻共同财产时，对该方可以少分或者不分。若一方在诉讼中伪造证据、恶意虚假陈述，妨碍司法公正，受害方还可以要求法院根据《民事诉讼法》的相关规定进行罚款、拘留。若妨碍司法公正的情节和后果严重，触犯刑律的，法院依法对行为人追究刑事责任。

第四，对方存在重大过错，受害配偶充分举证，要求过错方进行损害赔偿。根据《民法典》第一千零九十一条规定，若一方存在重大过错，比如重婚，与他人同居，实施家庭暴力，虐待、遗弃家庭成员，或有其他重大过错，受害配偶有权要求损害赔偿。相比《婚姻法》第四十六条，《民法典》第一千零九十一条增加了兜底性条款"其他重大过错"，让遭遇不幸的受害者得到更全面的保障，让背叛婚姻伤害家庭的人为自己的行为付出经济代价，是婚姻家庭领域中立法的一大进步。法律没有明确规定离婚过错损害赔偿的计算标准或方法，法院根据个案的具体情节、主观过错程度、造成的损害大小、过错方的支付能力等综合衡量。

第五，对方存在过错，受害配偶充分举证，争取多分财产。根据《民法典》第一千零八十七条规定，法院在处理离婚案件分割夫妻财产时，要照顾子女、女方和无过错方的权益。也就是说，无过错方可以要求自己多分财产，过错方少分或不分财产。至于倾斜比例，法律没有明文规定。在很多案例中，法院倾斜分割10%，即从五五开变成四六开，无过错方比过错方多分20%的财产。法院通常会根据财产总量适当调整倾斜比例，财产总量越大，倾斜的比例可能越小，因为总量大，同样比例对应的绝对数额也大。此处的过错，既包括《民法典》第一千零九十一条列举的重大过错的情形，也包括一般过错的情形。在一方有重大过错的情况下，受害方在离婚诉讼中可以同时要求损害赔偿及倾斜分割财产，即《民法典》第一千零九十一条和第一千零八十七条可以同时适用。这是对受害方的双重保护，也是《民法典》婚姻家庭编的一大亮点。

第六，证明自己对家庭的贡献，要求对方支付劳动补偿款。若一方为抚养子女、照顾老人、协助另一方工作或经营付出了大量的时间精力，甚至放弃了自己的职业发展机会，或因生育或劳累致使身体受到损害等，可要求对方支付家务劳动补偿款，或适当多分一些财产作为补偿。根据《民法典》第一千零八十八条规定，"夫妻一方因抚育子女、照料老年人、协助另一方工作等负担较多义务的，离婚时有权向另一方请求补偿，另一方应当给予补偿。具体办法由双方协议；协议不成的，由人民法院判决"。《民法典》第一千零八十八条将《婚姻法》第四十条的"夫妻书面约定婚姻关系存续期间所得的财产归各自所有"这一前提条件删除了，让家务劳动补偿这一条款"活"起来，得以落地。

第七，证明双方各方面的实际情况，争取倾斜分割财产。每个婚姻案件的情况具体而微、千差万别，包括婚姻持续的时间、双方的年龄、工作收入、谋生能力（如学历、专业资质、工作履历）、双方的经济状况、是否患有严重疾病或生活困难、离婚后双方生活水平的差异、子女的情况和需求等。法官在自由裁量的范围内，可能会对弱势一方适当照顾，倾斜分割财产。

第八，争取孩子的抚养权，争取财产倾斜分割。优先保护未成年人的权益，是所有涉及未成年人案件的处理宗旨，在离婚诉讼中，更是如此。具备抚养条件和意愿的一方，积极争取孩子的抚养权，除了能给孩子提供更好的成长环境，在日常相处中维系与孩子的亲情外，在财产分割上也能占据主动。根据《民法典》第一千零八十七条，法院在处理离婚案件分割夫妻财产时，要照顾子女的权益。若双方都主张房屋的产权，法院也会倾向于把房子判给抚养孩子的一方，以保障孩子居住、读书的基本权利。

第九，争取对方一次性支付抚养费，争取从财产分割补偿款中抵扣抚养费。一方在争取子女抚养权的同时，可争取让对方一次性支付抚养费。若对方不同意一次性支付，则法院通常会判决按月支付抚养费。但如果对方在经济上完全有能力一次性支付，或者对方日后可能不知所终、难以联系的，法官也可能判决其一次性支付抚养费。在此基础上，抚养权方可争取从自己要给对方的财产分割补偿款中抵扣对方应付的抚养费，无须对方直接支付，一方面避免对方不支付抚养费，有难以执行的风险；另一方面自己可以少给对方财产补偿款，减轻自己的负担。

第十，激发过错方的愧疚心理和对孩子的责任感，争取对方在财产上让步，或把财产赠与孩子。若一方有错在先，导致婚姻分崩离析，其往往会受到周围舆论的谴责，社会评价下降，前途发展受影响，其内心也承受着相当大的压力。作为受害方，应把握好时机和对方的心理，在谈判中争取自己和孩子的利益最大化。

第七节　离婚后财产纠纷

离婚本来应该一别两宽，各自奔赴新的生活，无奈有些人在离婚后还争吵不断，互相伤害，甚至再次对簿公堂，誓不放过彼此。离婚后纠纷分成两大类型，一是离婚后涉及子女的纠纷，如抚养权、抚养费、探视权、姓氏变更等纠纷；二是离婚后财产纠纷。本书聚焦于婚恋家事中的财富管理，在此只讨论离婚后财产纠纷。离婚后财产纠纷分为以下六种：

第一，一方想推翻离婚协议中的财产性约定。双方已经解除婚姻关系，离婚协议在民政部门登记备案。如果一方想撤销或变更离婚协议中的财产性约定，必须证明在签订该财产性约定时，受到对方的欺诈或者胁迫，否

则法律不予支持。

上述这种情况，原来规定必须在离婚后一年内提出（《最高人民法院关于适用〈中华人民共和国婚姻法〉若干问题的解释（二）》第九条①），现在取消了一年的时间限制（《最高人民法院关于适用〈中华人民共和国民法典〉婚姻家庭编的解释（一）》第七十条②），但建议还是尽快向法院起诉撤销，以免证据灭失或者对方已经将财产处理掉。一方能否以"有失公平"作为理由，推翻离婚协议的财产约定？通常而言是不支持的。因为离婚协议是以夫妻人身关系的解除为前提，牵涉到大量情感的因素和未成年子女的利益，双方在离婚协议中的约定是作为整体考虑的。双方对家庭的付出、在婚姻中的是非对错，很难完全客观地评价。而且，作为完全民事行为能力人，也应当清楚自己签署离婚协议的后果，所以应该承担，不能出尔反尔。

第二，一方想撤销离婚协议中对子女的财产赠与。通常不支持，因为离婚协议的生效以婚姻关系的解除为前提，而且是整体性考虑。

第三，一方不履行离婚协议中约定的财产性义务。一方不履行离婚协议或离婚调解书、判决书中的财产性义务。比如说，一方须支付给对方财产补偿款、损害赔偿款、经济补偿款；又比如一方须将房屋或车辆等财产过户给对方，或将某些动产如家具电器、金银首饰、字画古董等交付给对方。如果该方没有依约履行，则另一方有权起诉要求履行（协商离婚的情况下，要先走诉讼程序，法院首先要对离婚协议的效力进行审查），或者申请法院强制执行（已有生效的离婚判决书、调解书的情况下）。在签订离婚协议时，如果要支付补偿款给对方，应考虑自己的现实支付能力，尤其涉及巨额补

---

① 《最高人民法院关于适用〈中华人民共和国婚姻法〉若干问题的解释（二）》第九条规定，男女双方协议离婚后一年内就财产分割问题反悔，请求变更或者撤销财产分割协议的，人民法院应当受理。人民法院审理后，未发现订立财产分割协议时存在欺诈、胁迫等情形的，应当依法驳回当事人的诉讼请求。本解释已失效，下文不再提示。

② 《最高人民法院关于适用〈中华人民共和国民法典〉婚姻家庭编的解释（一）》第七十条规定，夫妻双方协议离婚后就财产分割问题反悔，请求撤销财产分割协议的，人民法院应当受理。人民法院审理后，未发现订立财产分割协议时存在欺诈、胁迫等情形的，应当依法驳回当事人的诉讼请求。

偿或长期连续支付的。一个人在离婚之后，要继续生活下去，还有可能组建新的家庭、生儿育女，加上人生不可预测的职业变动、健康风险，在离婚时不可盲目、冲动地放弃财产或做出自己根本无力兑现的承诺，否则日后可能陷入被动局面。

第四，要求分割离婚时未分割且未放弃的共同财产。这种情况要同时符合三个条件，首先，该财产是属于双方的共同财产。其次，"离婚时未分割的财产"是指离婚协议及离婚的判决书、调解书中未涉及的财产，包括一方故意隐瞒、转移，另一方离婚后才知晓的财产，包括双方在离婚时搁置而未处理的财产。最后，一方未放弃是指一方没有做出放弃分割该财产的意思表示。如离婚协议中的表述是"各自名下的财产归各自所有"，那么离婚后发现对方名下有自己原先不知道的财产，也没有办法再要求分割了。所以不建议离婚协议中采取上述笼统的写法。

第五，离婚后损害赔偿诉讼。按照法律的规定，离婚损害赔偿必须与离婚诉讼同时提起（《最高人民法院关于适用〈中华人民共和国民法典〉婚姻家庭编的解释（一）》第八十八条）。但在某些特殊情况下，比如离婚之后才得知对方存在重大过错（有私生子、重婚、子女非亲生等）并取得相关证据，可以在离婚之后起诉对方，要求对方进行损害赔偿，包括返还抚养费、赔偿精神损失等（离婚损害赔偿的举证和赔偿标准请看本书的相关章节）。

近年还有案例，男方在离婚后才通过亲子鉴定知悉子女并非自己的骨肉，起诉要求撤销离婚协议中的财产约定，获得了法院的支持。这个案例如下：甲男在离婚时，考虑到前妻乙女抚养女儿，甲男同意把自己名下的房产、车辆全部归乙女所有；所有外债（包括房贷、信用卡）都由甲男承担。离婚后一年半，甲男通过亲子鉴定，确认女儿不是亲生的，起诉要求撤销离婚时的财产约定。一、二审法院均予以支持[1]。法院认为"本案中甲男与乙女签订的离婚协议虽然系双方当事人当时的真实意思表示，但乙女

---

[1] 案号为（2021）豫 02 民终 347 号。

隐瞒了女儿不是甲男亲生女的事实，导致甲男在分割财产时因重大误解作出了一定的让步，双方签订的离婚协议中有关财产分配的约定不是甲男的真实意思表示，现甲男请求撤销该协议中有关财产分配的部分，于法有据，法院予以支持"。

第六，离婚后抚养费纠纷。抚养费不是财产，但抚养费也是涉及钱款的纠纷。抚养费纠纷，通常有两种，带孩子的一方要求增加抚养费，或者另一方要求减少抚养费。出于对未成年人的保护，对离婚协议中约定的抚养费，法院倾向于不会降低。笔者曾经代理过两起案件，男方认为相对于自己的收入，抚养费过高，给自己造成沉重的经济负担，尤其是成立新的家庭后，更是无力支付。且当初约定的抚养费远远超出了孩子的实际需要。男方也提供了一定的证据，但最终还是被法院驳回。故在签订离婚协议时，对抚养费的约定，不应随意，要综合三方面因素考虑：一是当地的经济发展状况、生活水平和物价指数；二是孩子各方面的合理开支有多少；三是双方的经济能力和收入，尤其是自己的支付能力。

第四章

债务与婚姻、继承

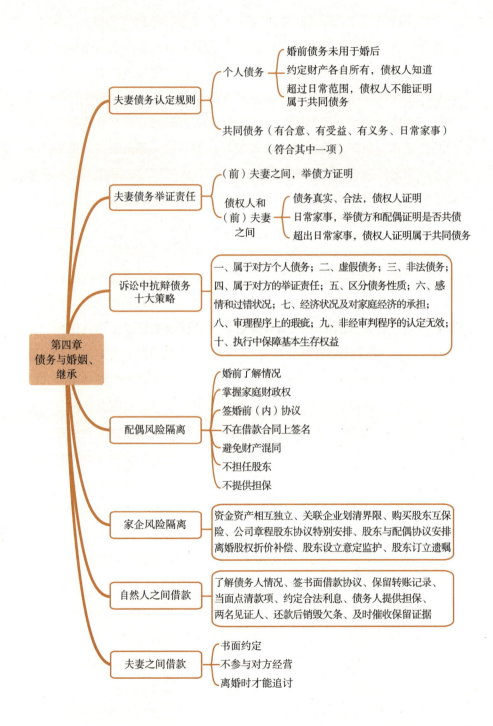

第四章
债务与婚姻、继承

夫妻债务认定规则
- 个人债务
  - 婚前债务未用于婚后
  - 约定财产各自所有，债权人知道
  - 超过日常范围，债权人不能证明属于共同债务
- 共同债务（有合意、有受益、有义务、日常家事）（符合其中一项）

夫妻债务举证责任
- （前）夫妻之间，举债方证明
- 债权人和（前）夫妻之间
  - 债务真实、合法，债权人证明
  - 日常家事，举债方和配偶证明是否共债
  - 超出日常家事，债权人证明属于共同债务

诉讼中抗辩债务十大策略
一、属于对方个人债务；二、虚假债务；三、非法债务；四、属于对方的举证责任；五、区分债务性质；六、感情和过错状况；七、经济状况及对家庭经济的承担；八、审理程序上的瑕疵；九、非经审判程序的认定无效；十、执行中保障基本生存权益

配偶风险隔离
- 婚前了解情况
- 掌握家庭财政权
- 签婚前（内）协议
- 不在借款合同上签名
- 避免财产混同
- 不担任股东
- 不提供担保

家企风险隔离
资金资产相互独立、关联企业划清界限、购买股东互保险、公司章程股东协议特别安排、股东与配偶协议安排离婚股权折价补偿、股东设立意定监护、股东订立遗嘱

自然人之间借款
了解债务人情况、签书面借款协议、保留转账记录、当面点清款项、约定合法利息、债务人提供担保、两名见证人、还款后销毁欠条、及时催收保留证据

夫妻之间借款
- 书面约定
- 不参与对方经营
- 离婚时才能追讨

第一节　夫妻对外债务的认定

有人说，结婚相当于两个男女一起开公司，双方是股东，共同参与经营，决定公司（家庭）大大小小的事情，努力让公司（家庭）蒸蒸日上。确实，从某种意义上，结婚是双方的"资产重组"，强强联合、优势互补，进入良性轨道，固然是最佳状态。但正如公司经营也会面临各种外部的挑战和风险，内部的困难和消耗，婚姻家庭同样如此。每一家公司都会负债，每个家庭也不可避免或多或少会负债。在资不抵债的情况下，公司会面临破产倒闭的风险，而家庭也会面临重大危机。哪些债务属于个人债务，哪些债务属于夫妻共同债务，关系到债务如何承担、债权人的权益保护，关系到家庭的经济命脉、夫妻的财务压力、社会信用，甚至在某些情况下决定家庭的生死存亡。

一、哪些债务属于夫或妻的个人债务

第一，一方婚前所负，婚后并未用于共同生活。婚前的个人财产，婚后不发生转化，仍然属于这一方的个人财产。一个人在结婚登记之前发生的债务，如果所借款项以及产生的收益在结婚后也没有用于家庭，那么从公平的角度，债务应由举债的这一方自行承担，与其配偶无关。

第二，婚后一方对外举债，具有下列情形之一的，属于夫妻个人债务。

1.与债权人约定为个人债务。比如说，大强向阿勇借了10万元，两人签订了借款协议，协议里明确写了这笔借款与大强的妻子小丽没有关系，

阿勇不能要求小丽还钱。那么这10万元就是大强的个人债务。

2.夫妻对婚姻关系存续期间所得的财产约定归各自所有，债权人知道该约定的。比如说，大强和小丽两夫妻，签了一份书面的协议，写明两个人实行AA制，收入归各自所有，财产也各归各的。阿勇是大强的好朋友，大强和小丽邀请阿勇在这份协议上作为见证人签名。后来大强向阿勇借了10万元，那么这10万元就是大强的个人债务，因为阿勇明知大强和小丽两夫妻之间的约定。再比如，大强和小丽签了上述协议，大强在微信上告诉了自己的好朋友阿勇，阿勇知道大强和小丽之间的这个约定，也发生同样的法律后果。

3.超过家庭生活日常所需，债权人不能证明该债务用于夫妻共同生活或生产经营，不能证明该债务是基于夫妻共同的意思表示。比如说，大强开了一家服装工厂，他向银行贷款300万元用于购买机器、原材料，大强逾期不还，银行将大强和其妻小丽告上法庭。小丽通过大量的证据证明自己没有参与经营，且大强和小丽早就分居多年，大强的大量钱财都转移给他包养的小三。小丽和孩子的开支都是小丽自己在承担。这种情况下，大强欠银行的钱，就属于大强的个人债务，与小丽无关。

二、哪些属于夫妻共同债务

除了上述夫妻的个人债务，其他发生在婚内的债务，只要满足"有合意""有受益""有义务""属于日常家事代理范围"其中任何一项，就是夫妻共同债务。

"有合意"是指两夫妻共同对外举债，或者一方对外举债，另一方事后表示同意或以某种行为追认；追认有口头追认，有书面追认，有行为追认即事实追认，比如大强向阿勇借钱，阿勇把款项汇到大强的妻子小丽名下的账户，小丽没有表示异议。或者是大强向阿勇借钱，小丽替大强向阿勇还了一部分钱。

"有受益"是指借来的款项或因此赚取的款项用于家庭生活，配偶及（或）家人从中获得好处。

"有义务"是指法定义务或道德义务，比如抚养子女、赡养父母所发生的费用。

"日常家事代理"是指共同生活中经常发生的各种开支。日常家事代理权指夫妻任何一方因日常家庭事务需要可以单独决定并对配偶产生效力的家事处理权。日常家事代理与一般代理相比，最大的特点是"行为自决"与"效力辐射"。即夫妻一方可以独立决定日常家庭事项，其效力辐射于另一方，产生夫妻共同法律效果[①]。《民法典》第一千零六十条规定，夫妻一方因家庭日常生活需要而实施的民事法律行为，对夫妻双方发生效力，但是夫妻一方与相对人另有约定的除外。夫妻之间对一方可以实施的民事法律行为范围的限制，不得对抗善意相对人。

三、夫妻共同债务认定的五条规则

规则一：夫妻有举债的合意，共同签字举债，或一方事后明确追认，属于夫妻共同债务。

规则二：夫妻一方在婚姻关系存续期间以个人名义为家庭日常生活需要所负的债务，属于夫妻共同债务。

规则三：夫妻一方举债，超出日常生活（是否超出日常生活，举债责任在夫妻），债权人能证明该债务用于夫妻共同生活或生产经营，或夫妻有共同举债的意思（超出日常生活的情况下，举债用途及合意由债权人证明），为夫妻共同债务。

规则四：夫妻一方履行双方应当共同承担的法定义务，如对子女的抚养义务、对父母的赡养义务、彼此之间的"扶养""帮助"义务，所发生的债务，也是共同债务。

---

① 王礼仁：《民法典中夫妻共同债务法律类型的理解与适用》，载《家事法研究（2021年卷）》，社会科学文献出版社2021年版，第251页。

规则五：无论是婚姻关系存续期间，还是离婚之后，甚至丧偶之后，只要债务被认定是夫妻关系存续期间的共同债务，就要共同偿还，债权人有权要求夫或妻一方承担连带责任。根据《最高人民法院关于适用〈中华人民共和国民法典〉婚姻家庭编的解释（一）》第三十六条，夫或者妻一方死亡的，生存一方应当对婚姻关系存续期间的夫妻共同债务承担清偿责任。

四、夫妻之间关于对外债务的约定

大强和小丽是夫妻，两人书面约定，各自的债务由各自承担，与对方无关。大强欠了阿勇的钱（属于合法债务），阿勇有权向小丽追讨吗？如果在大强小丽结婚之后，大强欠了阿勇的钱，大强和阿勇也没有约定欠款是大强的个人债务，小丽又没办法证明阿勇知道大强小丽之间的约定，那么阿勇有权向小丽追讨。

上述情形中，小丽向阿勇偿还后，有权要求大强把钱还给小丽吗？虽然大强小丽有书面约定，各自债务归各自承担，但小丽只有在离婚的时候（或者离婚之后），才可以起诉要求大强返还小丽偿还给阿勇的钱。因为对于夫妻之间的欠款，在婚内不能起诉要求还钱，只有在离婚时才能要求对方还钱（《最高人民法院关于适用〈中华人民共和国民法典〉婚姻家庭编的解释（一）》第八十二条）。

当事人的离婚协议或者法院生效文书已经对夫妻财产分割问题做出处理的，债权人仍然可以就夫妻（前夫妻）共同债务向男女双方主张权利。男女一方就共同债务承担连带清偿责任后，基于离婚协议或者法院的法律文书，可向前配偶追偿。比如说，大强和小丽离婚的时候，尚欠阿勇50万元的借款，两人的离婚协议约定，这笔借款由大强偿还，后来大强没有按照约定还钱给阿勇，阿勇把大强和小丽同时告上法庭，法院执行了小丽名下的银行存款20万元。小丽有权要求大强把这20万元还给自己，如果大强不还，小丽可以起诉大强。也就是说，大强和小丽的离婚协议，在两个人之间是有效的，但是不能限制、约束债权人。

第二节 夫妻债务认定的举证责任

在前面，我们介绍了夫妻债务的认定规则，哪些是夫妻共同债务、哪些是夫妻个人债务，夫妻之间如何对债务承担进行约定。那么在个案中，由哪一方来证明债务的性质呢，也就是举证责任是属于哪一方呢。我们根据不同的情况来分析。

首先，举证责任分为"行为意义上"和"结果意义上"两种。行为意义上的举证责任是指诉讼的各方当事人都可以举证，看哪一方证据的证明力更大。结果意义上的举证责任是指对某一待证事实，如果某一方当事人无法举证，该方当事人将承担不利后果。本文所讨论的举证责任是指"结果意义上"的举证责任。

其次，涉及夫妻债务性质认定的诉讼有两种，一种是（前）夫妻之间的诉讼，另一种是债权人起诉（前）夫妻双方或一方的诉讼，这两种诉讼的举证责任是不同的。

一、在（前）夫妻之间的债务认定

离婚诉讼和离婚后的诉讼，一方对外举债，主张是夫妻共同债务，（前）配偶承担连带责任，这种情况下，举证责任在于举债方。比如说，大强借了阿勇20万元，大强和小丽离婚的时候，大强要求小丽承担其中一半即10万元，小丽不同意，那么大强就必须证明这20万元是夫妻共同债务。若举债方主张债务是夫妻共同债务，则举债方必须证明债务的真实性、合法性、发生在婚姻存续期间、配偶知情或同意或用于夫妻共同生活，配偶及家人受益，或属于夫妻双方法定义务等，比如大强证明向阿勇借的20万元是用于大强开设的公司的日常运转，自己每个月给小丽生活费，来维持全家的吃喝拉撒。

最高院（2014）民一他字第10号答复明确该举证责任属于举债方："在不涉及他人的离婚案件中，由以个人名义举债的配偶一方负责举证证明所借债务用于夫妻共同生活。"①当然，举债方的（前）配偶可以举出反证，证明债务不属于夫妻共同债务。这是我们前面说的"行为意义上"的举证责任，双方都可以提交证据，来证明自己的说法和要求。

二、债权人起诉夫妻双方或一方的债务认定

债权人起诉夫妻双方或一方的债务纠纷中，举证责任分配如下。

（一）债权人证明债务真实发生，且性质并不违法

合同具有相对性，举债方的配偶并非合同当事人，举债方的配偶很可能对债务毫不知情，或者不清楚具体细节，债权人和举债方（债务人）作为合同当事人必须对债务的真实性、合法性、借款的用途、款项交付的方式等举证说明。比如说，阿勇起诉大强或起诉大强小丽两夫妻，阿勇就必须证明大强确实向自己借了20万元，自己是什么时候、通过什么方式把这笔钱借给阿勇的，阿勇和大强约定这笔钱是用来做什么的，多久之后还钱，利息多少，等等。

（二）证明债务是否属于共同债务

是否发生在婚姻存续期间、非举债的配偶（或前配偶）是否知情或同意、有无用于夫妻共同生活或共同生产经营、配偶及家人是否受益，是否属于夫妻双方法定义务，要分两种情况：

1.若债务用于日常家庭生活，由举债方及其配偶证明是否属于共同债务。比如说，小丽拖欠了信用卡5万多元，银行将小丽和大强告上法庭。鉴于这5万多元，都是以购买日用品、食品、点外卖、到餐厅吃饭为主，每次

---

① 载最高人民法院数字图书馆，http://eastlawlibrary.court.gov.cn/court-digital-library-search/page/fullTextSearch/lawNReguDetail.html?id=235030，最后访问日期：2023年3月21日。

金额几十元到几百元不等，属于家庭日常开支，这笔欠款属于夫妻共同债务，大强要承担连带偿还的责任。

2.若债务超出日常家庭生活需要，由债权人证明是举债方及其配偶的共同债务。比如说，大强向阿勇借了20万元用于公司运转，按照普通人的生活水平和认知，20万元不是小数目，已经超出了"日常家庭生活需要"，如果阿勇要求大强的妻子小丽共同偿还，那么阿勇就要证明存在以下几种情形之一：（1）小丽是和大强共同借钱的，小丽也在欠条上签了名，或后来单独出具了保证书、确认函之类的文件；（2）小丽和大强共同经营公司，小丽也是股东，或小丽在公司任职，或小丽实际参与公司的经营；（3）这20万元，大强并没有按照约定投入公司，而是用于家庭生活或购置家庭财产，比如大强购买车辆用于上下班、接送孩子等，或车辆登记在小丽名下；或作为房屋首付款的一部分，房屋由家人居住；或者大强把这笔钱转到小丽名下的银行账户了。

2018年1月18日生效的《最高人民法院关于审理涉及夫妻债务纠纷案件适用法律有关问题的解释》①，区分了"日常生活"和"超出日常家庭生活"两种情形，《民法典》第一千零六十四条第二款保留了该规定，"夫妻一方在婚姻关系存续期间以个人名义超出家庭日常生活需要所负的债务，不属于夫妻共同债务；但是，债权人能够证明该债务用于夫妻共同生活、共同生产经营或者基于夫妻双方共同意思表示的除外"。这是因为近年出现夫妻一方和第三人勾结，伪造债务，侵害配偶利益的现象，故立法通过区分不同情形，加重债权人的举证责任。作为债权人，应更加谨慎行事，采取措施降低交易风险（即使交易成本会相应增加），避免款项无法收回，遭受经济损失。

至于何谓"日常生活需要"，由法官根据个案的具体情况界定。法官运用生活经验和逻辑推理，结合当地生活水平、当事人家庭收入支出等情况，根据债务金额大小、用途性质、是否必要借款等因素进行认定。

---

① 已失效。下文不再提示。

（三）证明债权人主观是善意还是恶意（是否知悉夫妻感情恶化，债权人有没有和举债一方勾结，债权人有没有理由相信举债一方是得到配偶授权的）

如何判断债权人的主观是善意，要从各个客观方面去推定，包括借贷双方的人品、关系、生活密切程度、借款人是不是有真实的需求、出借人是不是有相应的资金、借贷的理由、款项的实际用途、借贷的时间地点、款项交付的方式等。

1.小额借贷及日常交易，推定债权人是善意

对于平时经常发生的、金额不大的交易，夫妻之间有日常家事代理权，债权人及合同相对方可以直接推定夫妻之间互为代理关系。举债方及配偶不能以债权人的主观状态来否认债务的共同性。

2.大额借贷及重大交易：债权人要证明自己主观上是善意的

对于金额较高的大笔借款、重大交易，债权人及合同相对方对自己"有理由相信为夫妻双方共同意思表示"负举证责任。比如，债权人应了解债务人借贷用途、征求债务人配偶的意见或得到其同意。尤其是借贷发生在亲朋熟人之间，这种注意义务的履行是必要的，也是可行的。而金融机构对此负有更加严格的审核义务。

第三节　诉讼中债务的抗辩策略

近年来，随着离婚率的增高，夫妻一方与第三人勾结伪造债务，甚至通过虚假诉讼的方式来让配偶乃至前配偶承担上巨额债务的现象不少，引起了广泛的关注和立法上的回应。如何平衡保护善意的债权人及无辜配偶的利益，如何在每个具体案件中准确地认定夫妻债务的性质，既能维护交易安全，又能保障婚姻的安全，与每个人都切身相关。

在诉讼中要证明是配偶（或者前妻、前夫）的个人债务，自己无须承担责任，可以从以下十个方面去举证和陈述：一、证明属于法律规定的个人债务；二、否定债务的真实性；三、否定债务的合法性；四、抗辩属于

对方的举证责任；五、区分债务性质；六、感情和过错状况；七、经济状况及对家庭经济的承担；八、审理程序上的瑕疵；九、非经审判程序的认定无效；十、执行中保障基本生存权益。

策略一：证明属于法律规定的个人债务。

结合现行关于夫妻债务认定的法律规定，婚后债务必须同时符合三种情形的，才是举债方的个人债务，配偶没有责任偿还：一是配偶没有共同举债，举债方事先未商量，事后未告知，配偶根本不知情或明确反对（无合意）；二是借款或收益也未用于家庭生活（无受益）；三是并非履行法定义务或道德义务（无义务）。

以下七种情形，属于法律规定的夫妻个人债务：

1.一方婚前所负，未用于婚后家庭共同生活。《最高人民法院关于适用〈中华人民共和国民法典〉婚姻家庭编的解释（一）》第三十三条规定，债权人就一方婚前所负个人债务向债务人的配偶主张权利的，人民法院不予支持。但债权人能够证明所负债务用于婚后家庭共同生活的除外。

2.一方举债，与债权人明确约定为个人债务。

3.一方举债，债权人知道夫妻约定财产各自所有。《民法典》第一千零六十五条第三款规定，夫妻对婚姻关系存续期间所得的财产约定归各自所有，夫或者妻一方对外所负的债务，相对人知道该约定的，以夫或者妻一方的个人财产清偿。

4.一方举债超出日常生活需要，债权人无法证明其配偶有举债的意思、债务用于夫妻共同生活或经营。

5.夫妻一方未经对方同意，擅自资助没有扶养义务人所负的债务。

6.夫妻一方未经对方同意，独自筹资从事生产或者经营活动所负债务，且其收入却未用于共同生活的。

7.遗嘱或赠与合同中确定只归夫或妻一方的财产，为一方个人财产，附随这份遗嘱或赠与合同而来的债务也由接受遗嘱或赠与的一方单独承担，他方无清偿责任。[1]

---

[1]　上述第 5 点、第 6 点、第 7 点参见《最高人民法院民法典婚姻家庭编司法解释（一）理解与适用》，人民法院出版社 2021 年版，第 329 页。

策略二：否定债务的真实性。

债务客观真实存在，并非一方勾结第三人，企图侵害自己配偶的利益，是审查债务是共同债务还是个人债务的前提之一。《最高人民法院关于适用〈中华人民共和国民法典〉婚姻家庭编的解释（一）》第三十四条第一款规定，夫妻一方与第三人串通，虚构债务，第三人主张该债务为夫妻共同债务的，人民法院不予支持。审查债务的真实性，从八个方面着手：

1.债权人和债务人的关系，债权人是否认识或熟悉夫妻双方，是否知悉夫妻感情不好，在闹离婚；

2.款项如何交付、有无汇款证明及取款证明，资金的去向；

3.借款的约定用途是否合法，实际用途是否符合约定用途；

4.借条是否伪造或后补、签名的真实性及笔迹形成时间，对此可以申请进行鉴定；

5.当事人的到庭情况，当事人陈述及证人证言之间、其他证据之间是否能相互印证；

6.各方当事人的经济能力、财产变动情况如何；

7.当地或者当事人之间的交易方式、交易习惯如何；

8.债权人和举债方是否存在虚假诉讼，举债方的自认是否不合情理，双方的调解协议是否损害了举债方配偶的权益。

对于对方串通第三人伪造债务虚假诉讼的，可要求法院、检察院、司法局、律师协会等部门对当事人和代理人作出相应的处罚。

策略三：否定债务的合法性。

债务合法，是审查债务是共同债务还是个人债务的前提之一。涉及高利贷、赌博、嫖娼、非法集资、非法经营、吸毒等违法犯罪的债务，借款用于非法用途的，并非夫妻共同债务。《最高人民法院关于适用〈中华人民共和国民法典〉婚姻家庭编的解释（一）》第三十四条第二款规定，夫妻一方在从事赌博、吸毒等违法犯罪活动中所负债务，第三人主张该债务为夫妻共同债务的，人民法院不予支持。

策略四：抗辩属于对方的举证责任。

涉及夫妻共同债务的诉讼有三种，举证责任是不同的。离婚纠纷和离婚后的财产纠纷，这两种诉讼不涉及第三人，由举债方负责举证证明所借债务用于夫妻共同生活，如证据不足，则其配偶（前配偶）不承担偿还责任。根据《民法典》第一千零六十四条规定和《最高人民法院民一庭关于婚姻关系存续期间夫妻一方以个人名义所负债务性质如何认定的答复》（〔2014〕民一他字第10号），债权人起诉的债务纠纷中，若举债人或其配偶（前配偶）能举证证明所借债务并非用于夫妻共同生活，则非举债配偶（前配偶）不承担偿还责任。

策略五：区分债务性质。

夫妻一方因日常生活所需的举债，可以直接认定为共同债务。超出日常生活所需的大额举债，则由债权人证明该款项用于夫妻共同生活。夫妻一方为生产经营活动的举债，根据生产经营活动的性质、夫妻双方在其中的地位作用、第三人是否善意等具体情形来认定是否属于夫妻共同债务。至于如何界定"大额债务"，立法尚未有标准，在个案中由法官把握。

策略六：感情和过错状况。

证明双方的感情状况和举债方的过错，一方面否定债务的真实性和合法性，另一方面引用公平原则和公序良俗原则来推翻共同承担的合理性。

1.双方的感情早已破裂，婚姻关系名存实亡已久，甚至处于分居状态；

2.双方处于离婚期间，包括协商离婚和诉讼离婚；

3.举债方有吸毒、赌博、嫖娼、家暴等恶习；

4.举债方有婚外情、重婚、与异性同居、包养二奶，婚外生育子女，赠与情人及私生子女财产等行为；

5.举债方遗弃、虐待配偶及（或）家庭成员；

6.举债方有其他严重损害配偶及家人情感及经济利益的过错行为。

策略七：经济状况及对家庭经济的承担。

从当事人的经济状况，包括工作、收入、财产情况来抗辩，证明债权人没有能力出借款项，或者举债方、非举债方不需要借款。从夫妻双方对家庭的经济承担来抗辩，证明家庭的生活开支一向由非举债方承担，举债方对家人不管不顾，没有将收入用于家庭生活，双方在经济上是完全独立的。

策略八：审理程序上的瑕疵。

以对方或者法院在审理过程中的程序性瑕疵作为抗辩或上诉理由、申请再审的理由，包括但不限于：

1.当事人提供了证据线索，法院没有依法调查；

2.当事人申请鉴定，法院无合理理由拒绝接受；

3.法院没有通知必要的证人出庭作证；

4.当事人和证人没有签署保证其陈述真实的保证书；

5.对伪造、隐藏、毁灭证据的行为，法院没有依法处理。

根据《最高人民法院关于依法妥善审理涉及夫妻债务案件有关问题的通知》（法〔2017〕48号）第二项规定，"保障未具名举债夫妻一方的诉讼权利。在审理以夫妻一方名义举债的案件中，原则上应当传唤夫妻双方本人和案件其他当事人本人到庭；需要证人出庭作证的，除法定事由外，应当通知证人出庭作证。在庭审中，应当按照《最高人民法院关于适用〈中华人民共和国民事诉讼法〉的解释》的规定，要求有关当事人和证人签署保证书，以保证当事人陈述和证人证言的真实性。未具名举债一方不能提供证据，但能够提供证据线索的，人民法院应当根据当事人的申请进行调查取证；对伪造、隐藏、毁灭证据的要依法予以惩处。未经审判程序，不得要求未举债的夫妻一方承担民事责任"。

策略九：非经审判程序的认定无效。

夫妻共同债务应当通过审判程序来认定，不能由执行程序认定。如果夫妻共同债务可以通过执行程序来认定，没有参加诉讼的配偶一方就失去了利用一审、二审和审判监督程序维护自己合法权益的机会，这显然是不公平的。根据《最高人民法院关于依法妥善审理涉及夫妻债务案件有关问题的通知》（法〔2017〕48号）第二项规定，"保障未具名举债夫妻一方的诉讼权利。在审理以夫妻一方名义举债的案件中，原则上应当传唤夫妻双方本人和案件其他当事人本人到庭……未经审判程序，不得要求未举债的夫妻一方承担民事责任"。

策略十：执行中保障基本生存权益。

若债务已经被最终认定为共同债务，进入执行程序，被执行人可以要求保留生活必需费用以及居住房屋，保障夫妻双方及家属（老人、孩子）的基本生活。根据《最高人民法院关于依法妥善审理涉及夫妻债务案件有关问题的通知》（法〔2017〕48号）第六项的规定，保护被执行夫妻双方基本生存权益不受影响。要树立生存权益高于债权的理念。对夫妻共同债务的执行涉及夫妻双方的工资、住房等财产权益，甚至可能损害其基本生存权益的，应当保留夫妻双方及其所扶养家属的生活必需费用。执行夫妻名下住房时，应保障生活所必需的居住房屋，一般不得拍卖、变卖或抵债被执行人及其所扶养家属生活所必需的居住房屋。

延伸阅读

案例一：离婚了，归我的房子还要背上前夫（前妻）的债务？

阿宁不善理财挥霍无度，乱刷信用卡，频繁透支，被多家银行起诉。丈夫阿东劝阻无效，心灰意懒，在为阿宁偿还了十几万元债务后，为了自己和孩子不被阿宁继续拖累，阿东坚决要求离婚。两人名下有一套商品房，登记双方各占二分之一份额。两人在离婚协议中约定，房屋归阿东所有，阿宁除名。但因房屋尚欠银行贷款，暂时无法办理变更登记手续。离婚后数年，房屋突然被某法院查封，原来阿宁在外面又欠了钱。阿东向法院提出执行异议，该债务是离婚之后才发生的，是阿宁的个人债务，与自己无关，且根据双方的离婚协议，房子已归自己所有。法院驳回阿东的异议，称房子仍在阿东和阿宁的名下，法院查封的只是阿宁那50%的份额。

前夫妻之间的约定能否对抗债权人，取决于以下三点：

第一，债务发生的时间，若债务发生在婚内，是夫妻共同债务，那么离婚协议的约定不能对抗债权人。若债务发生在离婚之后，不存在双方离婚是为了转移财产、逃避还债的可能性，且该债务为举债方阿宁的个人债务，则与阿东无关，不应执行双方已有明确约定属于阿东的房屋，即使未办理变更登记。

第二，债权是普通债权还是以房屋为抵押的债权：（前）夫妻之间关于房屋的约定是物权，虽然未办理变更登记，尚未正式发生物权变动的效力，但毕竟双方的约定是针对物权，若债权是普通的债权，未将房屋作为抵押物（不动产抵押，必须办理登记才生效），法理上物权是优于债权的。

第三，是什么原因造成未办理房屋的变更登记，哪一方存在过错。假如是债务人的过错（房屋没有抵押权，能够变更，但债务人故意拖延，不配合办理变更手续），或是因为客观原因，暂时未能办理变更登记（比如房屋尚欠银行贷款），债务人的前配偶（即约定的房屋产权人）并没有任何过错，则不应当以房屋来抵债。此外，债务人的前配偶（即约定的房屋产权人）对抗债权人，是否需要占有房屋？房屋买卖合同的买受人对抗债权人，要件之一是已经合法占有房屋。但是笔者认为，离婚协议中约定的房屋产权人对抗债权人，不须以占有房屋为要件。因为第一其可能本来就是房屋的产权人，只不过不是完全的产权，第二即使其原来并未拥有房屋的产权，但其依据离婚协议而享有了对房屋的物上请求权，这是基于婚姻关系，有人身属性，与买卖的财产性质是不同的。

要避免离婚之后房屋仍然背上前夫或前妻的债务，最根本还是尽快履行离婚协议，将房屋变更登记。如果对方不配合，尽快起诉对方；若尚欠银行贷款不多的，建议尽快清偿银行贷款，以便可以办理变更手续；若尚欠银行贷款金额比较大，确实无力一次性提前偿还的，建议在离婚时就约定将房屋变卖分割价款，以杜绝后顾之忧。尤其是前夫或前妻信用不佳，有不良的嗜好（如黄赌毒），习惯进行高风险投资等，就更要早日处置房屋。

案例二：把房产登记在未成年子女名下，可以避债吗？

这些年，有些老赖把财产尤其是房产登记在未成年子女的名下，觉得这样财产在法律上就不属于我了，债权人追不到我，法院也拿我没办法。真的是这样吗，我们来看一个经典的案例。

老王夫妻俩经营企业，把18套房子登记在儿子王某名下，债权人要求将这18套房子拿来抵债，官司从2010年打到2017年，从宜昌中院【（2014）鄂宜昌中民一初00363号判决】到湖北高院【（2015）鄂民一终00069号判决】，最后到最高人民法院【（2017）最高法民申3404号】，都认定这18套房子的购房款来源于老王夫妻俩，属于家庭财产，应对家庭债务承担责任，也就是说，债权人有权要求拍卖这些房子。法院认定的法律依据和理由如下：

第一，未成年子女名下的财产，如果来源于父母，就属于家庭财产。王某在形式上享有该18套房屋的所有权，但王某取得该18套房屋时尚未成年。未成年子女系家庭成员的一员，一般无独立经济来源，日常生活尚且靠父母供给，其名下财产自然是共有财产的组成部分，我国家庭成员的基础关系决定了未成年子女名下房产的家庭共有属性。

第二，如果有证据充分证明未成年子女名下的财产并非来源于父母，而是来源于未成年子女自身努力或接受赠与、继承，那么该财产属于未成年子女所有。王某主张房屋归其个人所有，需证明房产来源于他人（并非王某父母）的赠与、继承他人财产，或者购房资金是王某自身获得的奖金、劳动报酬、收益，但本案中王某不能举证证明购房款系通过上述方式取得。

第三，从财产的实际用途判断，财产由谁实际占有，用于生产经营还是日常生活：房屋一直由老王夫妻俩用于经营，明显超出子女的基本生活需要。

第四，从债务人的主观目的判断，债务人是否有逃避还债的恶意：老王夫妻俩在尚未归还欠款的情况下，将大量房产登记在其子女名下，很明显侵犯了债权人的利益。

第五，在特定情况下，根据实际出资确认房屋的产权归属。《民法典》第二百一十七条规定"不动产权属证书是权利人享有该不动产物权的证明。不动产权属证书记载的事项，应当与不动产登记簿一致；记载不一致的，除有证据证明不动产登记簿确有错误外，以不动产登记簿为准"，第二百三十四条规定，"因物权的归属、内容发生争议的，利害关系人可以请求确认权利"。

根据上述规定，不动产权属证书是权利人享有该不动产物权的证明，一般情况下，登记权利人即推定为实际权利人，但如果有证据证明购房款实际出资人不是登记权利人时，亦要根据实际出资情况确定房屋的归属。

夫妻一方对外担保，属于共同债务吗？

夫妻一方对外担保，是否属于夫妻共同债务，法律层面没有明文规定。根据《最高人民法院民一庭关于夫妻一方对外担保之债能否认定为夫妻共同债务的复函》〔2015〕民一他字第9号，"夫妻一方对外担保之债不应当适用《最高人民法院关于适用〈中华人民共和国婚姻法〉若干问题的解释（二）》第二十四条的规定认定为夫妻共同债务"。

但是，结合近年案例，在某些情况下，夫妻一方对外担保，也属于共同债务，值得引起人们尤其是经商家庭的重视。下面讲讲三个相关的案例。

案例三：赵某、姬某金融借款合同纠纷再审案件①

某公司向银行贷款，法定代表人提供担保，法院认定为夫妻共同债务。

理由：婚后设立的公司，所得收益已形成夫妻共同财产，而债务是公司经营所负，因此，该连带保证债务属于夫妻共同债务。

案例四：北京市第二中级人民法院案外人执行异议之诉②

李某将其名下房产抵押给担保公司，作为担保公司给甲公司借款提供

---

① 最高人民法院（2019）最高法民申2302号，载中国裁判文书网，https://wenshu. court.gov.cn/website/wenshu/181107ANFZ0BXSK4/index.html?docId=Xo/iK6Op8tr4celr/ PhlUgh+P2ygSWSUq9B11GJCqB8A/B4tTsktbZ/dgBYosE2gpMETOMFw275ep4DB3l0Sqzi7a1gz eZ/a0tS85Nvcvilzz0W95SFo9uxxiccCvBCA。

② 北京市第二中级人民法院（2018）京02民终611号，载中国裁判文书网，https:// wenshu.court.gov.cn/website/wenshu/181107ANFZ0BXSK4/index.html?docId=q5nmPTFTik8IUo ugXUqakCuejsgeQ5ySYHxSGpEB/6rXFggmQYbPbJ/dgBYosE2gpMETOMFw275ep4DB3l0Sqzi7a 1gzeZ/a0tS85Nvcvilzz0W95SFo9tD2DLVjxynK。

担保的反担保。该反担保进行了公证，李某在公证过程中承诺自己没有结婚并出示了户口本；房产也办理了抵押登记。后甲公司未能到期还款，担保公司在承担了担保责任后，要求实现反担保，执行李某名下被抵押的房产。李某的妻子王某提起执行异议之诉，主张该房产为李、王二人婚内购买，李某的行为属于无权处分，担保公司不能善意取得抵押权。北京市第二中级人民法院经审理认为，涉案房屋属于夫妻共有财产，只要王某在房产管理部门予以登记公示，就可有效保护自己的权益。本案中，担保公司取得涉案房屋抵押权时，涉案房屋产权证登记的所有权人仅为李某一人，担保公司亦要求李某提供单身承诺，还审查了其户口登记簿，未显示其已婚，在此情形下应当认定担保公司系善意。担保公司善意取得了抵押权。法院认为，王某可以登记作为房屋共有人，没有进行登记，是王某自己的责任；且李某虚假陈述，承诺自己未婚，欺骗了担保公司，应该承担责任；总之，担保公司是善意的，也尽了合理的审查义务，所以可行使抵押权。

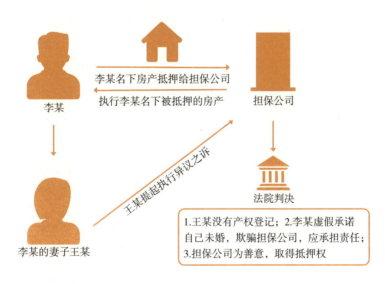

案例五：郭某、某银行抵押权纠纷再审案[①]

张某作为某公司的法定代表人兼总经理，以三套房产为该公司向某银行贷款提供抵押担保，并办理了抵押登记手续。张某的丈夫郭某称对此事不知情，请求注销涉案房产上设定的抵押登记。该案经过一审和二审，二审法院经审理认为某银行构成善意取得。但是，广东省高级人民法院在再审中指出，二审法院应全面审查该银行在办理涉案贷款时是否履行了法律规定的严格审查义务，并指令广东省深圳市中级人民法院再审。广东省深圳市中级人民法院作为再审法院认为，张某作为夫妻一方，以登记在其一人名下的上述房产对外抵押，某银行作为外部第三人，其基于物权公示效力产生的信赖利益应予保护。现无法律法规规定抵押权人必须对抵押物上唯一登记权利人的婚姻状况及婚姻财产约定进行实质审查，该银行在办理抵押贷款过程中不存在违规或重大过失之处，二审判决认定某银行构成善意取得，对涉案三套房产享有抵押物权，既符合物权法的立法精神，更有利于维护市场交易秩序的安全和稳定。

从上述案例我们可以看到，夫妻一方对外提供担保，配偶可能承担连带责任。所以，要规避个人、夫妻以及家庭的债务风险，在对外经营中，一定要非常谨慎，不要轻易为公司或他人提供担保，否则有可能牵连到夫妻共同财产或家庭财产。

案例六：仅有夫妻二人股东的有限责任公司，视为一人公司

在现实生活中，如果一家公司只有夫妻两个股东，也就是人们调侃的"夫妻店"，公司在对外发生债务时，是否会牵连到配偶，债务是属于夫妻共同债务还是个人债务呢？在某些案件中，法院认为，夫妻二人出资设立

① 广东省深圳市中级人民法院（2019）粤03民再239号，载中国裁判文书网，https://wenshu.court.gov.cn/website/wenshu/181107ANFZ0BXSK4/index.html?docId=708DqiUCGXPxntnP4nMZQVpjNrjknxpe1wijHKKr6or3C2g9/+lQkZ/dgBYosE2gpMETOMFw275ep4DB3l0Sqzi7a1gzeZ/a0tS85Nvcvilzz0W95SFo9i/vzUYeUZjI。

的有限公司，只有夫妻两个股东，公司的财产即夫妻的共同财产，与一人公司没有本质区别，故必须由夫妻来证明两人的财产独立于公司，否则夫妻应对公司债务承担连带清偿责任。

我们先来看看普通的有限责任公司和一人有限责任公司在对外承担债务时的区别。有限责任公司，是以公司的注册资本和经营积累的资产对外承担责任，故称为"有限责任"。正常情况下，股东无须以个人财产和家庭财产承担公司的债务，这是公司制度的优越性。如果债权人认为股东必须对公司债务承担连带责任，由债权人来提交证据，证明存在股东出资不到位、抽逃出资或者股东财产和公司财产混同、股东利用公司作为违法犯罪的工具等情形。一人有限责任公司与普通有限责任公司最大的区别在于对外承担债务时的举证责任。《公司法》第六十三条规定："一人有限责任公司的股东不能证明公司财产独立于股东自己的财产的，应当对公司债务承担连带责任。"也就是说，一人有限责任公司的股东，要"自证清白"，证明自己不应当对公司债务承担连带责任，举证责任从债权人身上转移到了一人公司的股东身上。之所以如此规定，原因是一人有限责任公司只有一个股东，缺乏社团性和相应的内部机构，没有分权制衡的内部治理结构，缺乏内部监督。股东既是所有者，又是管理者，个人财产和公司财产极易混同，极易损害公司债权人利益。所以举证责任由债务人承担，从而加强对债权人的保护。在涉及对外债务时，某些情况下法院会把夫妻双方视为一个整体，把夫妻公司视为一人公司。

我们来看大强和小丽的故事。大强和小丽开设了一家强丽公司，经营网店。强丽公司的工商登记中，大强占60%的股份，小丽占40%的股份。强丽公司与供货商甲公司发生纠纷，甲公司将强丽公司、大强和小丽一并告上法庭，要求三者共同承担应付货款50余万元。大强和小丽说该货款属于公司的债务，不应由个人承担。法院认为大强和小丽应当提供相应证据，证明公司财产和家庭财产是完全独立的，两人却无法证明。大强和小丽又提出应当按照工商登记的股权比例来承担责任，即对于应付货款，大强承担60%，小丽承担40%。但法院认为，工商登记的股权比例并非夫妻之间关于财产的约定，强丽公司的全部股权属于大强、小丽夫妻俩共有，两人也应对公司债务承担连带责任。

最高人民法院有一个类似的案例，（2019）最高法民再372号民事判决书中写道："虽然家庭成员发起设立有限责任公司时，需强制提交财产分割证明或协议的规定已被废止，但法律并不禁止夫妻发起设立有限责任公司时自愿备案财产分割证明或协议。一审法院调取的公司工商登记备案资料中并无熊某、沈某财产分割的协议或证明，熊某、沈某二审中亦未补充提交，因此熊某、沈某以共同财产出资将股权分别登记在各自名下，不构成对夫妻共同财产分割的约定。故应认定某某公司的全部股权是熊某、沈某婚后取得的财产归其双方共同共有。"[1]

综上，建议不要成立仅有夫妻两人股东的有限责任公司。一方面，夫妻在一起共同经营，也可能发生很多的矛盾。另一方面，不利于规避个人风险以及保护家庭财产。

第四节　配偶债务及家企风险隔离

我们在第一章中提及的婚姻四大财产风险，包括配偶隐瞒财产、配偶转移财产、背上夫妻共同债务、婚前个人财产的婚后混同，其实风险最大的是背上夫妻共同债务。其他三种财产风险，财产可能有所减少，或者是无法实际分割到夫妻共同财产，但是债务却可能让人变成"负资产"，陷入不确定的风险中。高额债务就是巨大的旋涡，将整个家庭吸入"黑洞"。有些人不幸在离婚后多年都未能摆脱前夫（或前妻）欠下债务的纠缠，背负

---

[1] （2019）最高法民再372号民事判决书，载中国裁判文书网，https://wenshu.court.gov.cn/website/wenshu/181107ANFZ0BXSK4/index.html?docId=383r6RmAyRlh0HPCAUgOm3ySBxrF6GfneYZjgiTNNrwWEvjIv401QJ/dgBYosE2gpMETOMFw275ep4DB3l0Sqzi7a1gzeZ/a0tS85NvcvikijkSacIuPF+fZw9WCNeZ/。

着沉重的压力，寸步难行。所以，尽量避免背上夫妻共同债务，包括经营企业的夫妻避免背上企业的债务风险，是家庭稳定的基础。

一、如何避免背上夫妻共同债务

第一，在婚前充分了解对方及对方的原生家庭情况，尤其是经济状况，有无大额的负债，对方有无良好的理财习惯，有无挥霍、嗜赌、酗酒等恶习。

第二，婚后无论哪一方掌握家庭的财政权，另一方都要了解对方的工作情况和收入情况。保存好大额资产及重要开支的相关资料和凭证，如合同、发票等。

第三，不要轻易在借款合同和担保合同上签字，否则该债务会被认定为夫妻共同债务，本人要承担连带责任。应首先了解清楚风险，其次评估自己、配偶和家庭的经济状况和承受能力。

第四，在有必要的情况下，签订婚前协议或婚内协议，约定债务各自承担，与对方无关，约定某些财产属于个人所有。有必要的情况下，到房管部门办理房产的过户、加名或除名手续。

第五，避免个人财产、夫妻财产、家庭财产和公司财产的混同：不要在配偶公司当挂名股东；不要用个人账户收取或支付公司的款项；不要用公司的款项支付个人或家庭开支，或为个人、家庭成员购买物品或资产；如果夫妻共同经营，对外债务会被认定为夫妻共同债务。

第六，不要开设仅有夫妻两名股东的公司，有案例将这种公司认定为一人公司，由股东（也就是两夫妻）证明公司财产独立于夫妻的财产，夫妻对外承担连带责任的风险大大增加。

第七，不要以个人名义为他人提供担保，为公司提供担保。最高人民法院曾经在2015年有批复，认为夫妻一方对外担保之债不属于夫妻共同债务，但近年有些案例中，一方对外担保，在特定情况下（比如配偶从中受益，或双方共同经营）也被认定为夫妻共同债务。

二、如何隔离企业债务风险，防止企业风险传导给个人、配偶、家庭和关联企业

除了以上第一大点中的七个注意事项，还要注意以下几点：

第一，股东个人与企业之间必须确保资金独立。如有资金往来，必须有健全的财务记录，且程序合法、合理，并及时向企业归还经手的资金。公司应当制作独立的财务报表，建立规范的财务制度，保存明晰的财务支付凭据，并在每一会计年度终了时编制财务会计报告等。

第二，家庭资产和企业资产相互独立。不要用家庭的重要资产做抵押为企业向银行申请贷款，不要把企业的现金池当成自己的提款机，直接从企业账户转账或者是提现支付家庭开支、为家庭购置财产。这种违规违法的操作有可能给企业带来巨大的甚至是毁灭性的打击。须建立家庭与企业之间的防火墙，相互隔离风险。

第三，关联企业分清界限，避免混同。避免关联公司人员混同，包括高管、普通管理人员、财务人员等相同或交叉任职的情况；避免关联公司业务混同，包括实际经营中涉及的业务、对外宣传的业务；避免关联公司财务混同，包括使用共同账户、共同财务账目等；避免经营场所混同。

第四，通过股东互保化解企业经营风险。我国《保险法》第三十九条第一款和第二款规定，人身保险的受益人由被保险人或投保人指定，投保人指定受益人时须经被保险人同意。人身保险中，只要经过被保险人的同意，受益人可以是被保险人的近亲属，也可以是近亲属以外的人，如其他股东。

股东互保保险的作用总结有如下几点：（1）以较小保费获得高额保障，充分利用保险的杠杆作用，解决购买身故股东的股权所需现金流的问题；（2）顺利购买身故股东的股权，确保公司股东之间的信任基础，不受某个股东突然身故的影响；（3）确保身故股东的家属能够及时取得一笔补偿金或与股权相应的财产利益，解决生活保障问题[①]。

---

① 韩宇：《私人财富保障与传承实务全书》，中国法制出版社 2018 年版，第 148 页。

三、如何避免婚姻风险、人身风险传导给企业

第一，公司的章程、股东协议中，对股东离婚、去世、失能（丧失全部或部分行为能力）等各种情况下，股权如何处理做出明确约定，必要时可以让股东、股东配偶及法定继承人签署书面协议或出具承诺书。

第二，公司的实际控制人（法定代表人、股东、背后的实际控制人）签订婚前协议、婚内协议，对股权及股权在婚后的收益进行安排（比如约定为其个人财产）。

第三，在资产总量庞大的情况下，股东可以考虑通过信托持有公司股份，离婚对公司的股权架构和经营不会产生太大影响。

第四，如果股东离婚，其名下股权面临分割，尽量采取折价补偿给配偶，不影响公司股权的结构和现状。在配偶（前配偶）也成为股东的情况下，要求其签订"一致行动协议"。

第五，股东签署意定监护协议，写明在股东本人失能失智的情况下，由诚信可靠、能力胜任的人士作为代理人接手继续经营企业。

第六，股东及早订立遗嘱，对身后的股权继承、企业接班做出妥善安排，并逐步部署，以免发生股权的继承纠纷，令公司经营陷入僵局乃至多年困境。

第五节　夫妻之间及近亲属之间的借款

夫妻之间的借款，视为夫妻之间对财产的特别约定，在离婚时才能主张还款。夫妻之间的借款，最早在2011年《最高人民法院关于适用〈中华人民共和国婚姻法〉若干问题的解释（三）》[①]第十六条规定，《最高人民法院关于适用〈中华人民共和国民法典〉婚姻家庭编的解释（一）》第八十二

---

① 文件已失效。下文不再提示。

条延续了这一规定，"夫妻之间订立借款协议，以夫妻共同财产出借给一方从事个人经营活动或者用于其他个人事务的，应视为双方约定处分夫妻共同财产的行为，离婚时可以按照借款协议的约定处理"。

夫妻之间的借款，是"民间借贷"的一种形式，也适用民间借贷的相关规定。近亲属之间的借款，同样是"民间借贷"的一种形式，同样适用民间借贷的相关规定。而近亲属之间的借款，可以按照双方的约定来要求对方还款，不受人身关系之间的约束。

一、夫妻之间借款的三个注意事项

第一，夫妻之间的借款，也应打借条或签订书面协议，采取转账形式并保留好相关凭证，以免以后发生争议。

第二，借款是用于个人经营活动或者用于其他个人事务，如果双方都参与经营，或者用于家庭事务、双方的共同事务，离婚时借款一方不同意偿还，出借一方得不到法院支持，因为款项性质已经改变。

第三，夫妻之间的借款，只有离婚时，出借方才能主张借款方偿还。

二、自然人之间借款的十一个注意事项

第一，出借前要了解清楚借款人的人品、信誉，合理评估借款人是否有正当的借款用途，是否有偿还能力。借款人品行不好、有不良嗜好的，或没有正当用途、还款风险高的，宁愿事先得罪，也不惹麻烦后悔。

第二，必须签订书面的借款协议，或让借款人（债务人）打欠条、借据，详细列明借款的金额、币种、用途、利率、期限和还款方式等内容，出借人（债权人）保存好借款协议及欠条、借据原件；《民法典》第六百六十八条规定，借款合同应当采用书面形式，但是自然人之间借款另有约定的除外。借款合同的内容一般包括借款种类、币种、用途、数额、利率、期限和还款方式等条款。《最高人民法院关于审理民间借贷案件适用法

律若干问题的规定》第二条第一款规定，出借人向人民法院提起民间借贷诉讼时，应当提供借据、收据、欠条等债权凭证以及其他能够证明借贷法律关系存在的证据。

第三，保留好借款交付凭证，对于民间借贷，必须证明借款已实际发生，尽量采取银行转账、电子转账的形式，不要以现金形式支付。《民法典》第六百七十九条规定，自然人之间的借款合同，自贷款人提供借款时成立。《最高人民法院关于审理民间借贷案件适用法律若干问题的规定》第九条规定，自然人之间的借款合同具有下列情形之一的，可以视为合同成立：（一）以现金支付的，自借款人收到借款时；（二）以银行转账、网上电子汇款等形式支付的，自资金到达借款人账户时；（三）以票据交付的，自借款人依法取得票据权利时；（四）出借人将特定资金账户支配权授权给借款人的，自借款人取得对该账户实际支配权时；（五）出借人以与借款人约定的其他方式提供借款并实际履行完成时。

第四，以现金借款或还款的，必须双方当面清点，验明真假，切忌转手或请人代办，可以请人见证，还可以录制视频。

第五，明确约定借款利息，否则自然人之间的借款视为无息，可以分开约定借款期限内的利息和逾期的利息。《民法典》第六百八十条第二款和第三款规定，借款合同对支付利息没有约定的，视为没有利息。借款合同对支付利息约定不明确，当事人不能达成补充协议的，按照当地或者当事人的交易方式、交易习惯、市场利率等因素确定利息；自然人之间借款的，视为没有利息。

第六，不能超过法律规定的利息上限，超过部分无效，利率不能超过合同成立时一年期贷款市场报价利率的四倍。

根据《民法典》第六百八十条第一款规定，禁止高利放贷，借款的利率不得违反国家有关规定。根据《最高人民法院关于审理民间借贷案件适用法律若干问题的规定》第二十五条规定，出借人请求借款人按照合同约定利率支付利息的，人民法院应予支持，但是双方约定的利率超过合同成立时一年期贷款市场报价利率四倍的除外。前款所称"一年期贷款市场报

价利率"，是指中国人民银行授权全国银行间同业拆借中心自2019年8月20日起每月发布的一年期贷款市场报价利率。

第七，可要求对方提供保证人或者抵押物、质押物，作为借款的担保，在对方不按照约定还款的情况下，出借人可以要求保证人还款，或者以抵押物、质押物清偿。

第八，即便不提供担保，也可以考虑由两位无利害关系的第三人担任见证人，并在借条上签名。

第九，如果对方不还款，在婚内不能单独起诉要求对方还款，在离婚时才能主张对方还款，可以让对方直接还款，或在共有财产分割时对冲。根据《最高人民法院关于适用〈中华人民共和国民法典〉婚姻家庭编的解释（一）》第八十二条"夫妻之间订立借款协议，以夫妻共同财产出借给一方从事个人经营活动或者用于其他个人事务的，应视为双方约定处分夫妻共同财产的行为，离婚时可以按照借款协议的约定处理"。

第十，借款人还款后，应当让出借人将欠条、借据的原件归还给借款人或当面销毁，或者让出借人书面确认款项已经全部结清。

第十一，如果借款人不按照约定还款，出借人应及时催收，并保存好催收的证据，比如通话录音、微信记录、书面函件，特别注意不要超过诉讼时效。

第六节　债务和继承

第一，继承人、受遗赠人的债权人、债务人、合伙人不能作为遗嘱见证人。因为有债权债务关系，所以双方法律上属于"有利害关系"。如果债权人订立遗嘱时，债务人在场见证，可能会对债权人有影响，妨碍债权人自由、真实地表达自己的意思。这点必须特别注意，近亲属之间如果有借款或其他债务，不能作为遗嘱见证人，否则在见证人是遗嘱合法要件的情形下（口头遗嘱、录音录像遗嘱、代书遗嘱、打印遗嘱），会导致遗嘱无效。

比如老王写了一份遗嘱，把房产留给小儿子小王。老王这份遗嘱是打印的，有两个见证人，分别是老王的侄子和老王的哥哥。老王去世后，老王的大儿子大王提出遗嘱无效，因为老王的侄子之前向小王借了5万块钱，他是小王的债务人，根据法律的规定，他不能作为老王遗嘱的见证人。根据《最高人民法院关于适用〈中华人民共和国民法典〉继承编的解释（一）》第二十四条规定，继承人、受遗赠人的债权人、债务人，共同经营的合伙人，也应当视为与继承人、受遗赠人有利害关系，不能作为遗嘱的见证人。法院后来据此判定遗嘱无效，老王的房产按照法定继承处理，由老王的夫人、老王的两个儿子小王和大王共同继承。

第二，我国的继承法实行"有限继承"，即继承人应当以所继承的遗产偿还被继承人（逝者）所欠的债务，包括税款和其他债务。债务超过遗产的，继承人可以自愿偿还。如果继承人放弃继承，则无须偿还被继承人的债务。

比如，老王去世了，他的遗产是12万余元的存款。老王的母亲、妻子在他之前已经去世，他只有一个儿子小王。老王生前经营小本生意，他经营不善，还欠税款5000多元，欠供货商5万多元，另外，他还向朋友借款10万元未还。老王的遗产12万余元，加起来也不足以偿还他的税款和欠款共15万余元。根据《民法典》第一千一百六十一条规定，继承人以所得遗产实际价值为限清偿被继承人依法应当缴纳的税款和债务。超过遗产实际价值部分，继承人自愿偿还的不在此限。继承人放弃继承的，对被继承人依法应当缴纳的税款和债务可以不负清偿责任。小王放弃继承老王的遗产，也就没有义务偿还老王所欠的税款和债务了。当然，小王可以自愿偿还。

第三，若被继承人在遗嘱中将财产赠与第三人的，如果遗产不足以偿还债务，则遗赠无效，即被继承人的债务清偿之后，受遗赠人才能取得财产。这是避免债务人借赠与、遗赠逃避还债，损害债权人的利益。

比如还是前述案例中的老王，他立了一份遗嘱，把他的遗产赠与他的朋友老张。因为老王的遗产12万余元不足以偿还老王所欠的税款和债务15万余元。根据《民法典》第一千一百六十二条规定，执行遗赠不得妨碍清偿遗赠人依法应当缴纳的税款和债务。所以这一遗赠无效，老张并不能拿到任何钱。

第四，分割遗产前，必须清偿被继承人依法应当缴纳的税款和债务，但是应当为既没有劳动能力又没有生活来源的继承人保留必要的遗产，以保障其基本生活。

比如老王，他虽然资不抵债，遗产还没有欠款和债务多，但老王的法定继承人之一小王天生患有严重的智力障碍，完全没有工作的能力，每个月除了几百元的低保，没有任何生活来源。根据《民法典》第一千一百五十九条规定，分割遗产，应当清偿被继承人依法应当缴纳的税款和债务；但是，应当为缺乏劳动能力又没有生活来源的继承人保留必要的遗产。所以老王的遗产当中要给小王留下必要的生活费用。

第五，在既有法定继承，又有遗嘱继承、遗赠的情况下，首先由法定继承人偿还被继承人（逝者）依法应当缴纳的税款和尚欠的债务，如果法定继承的遗产不足以清偿的，由遗嘱继承人和受遗赠人按照所得遗产的比例进行清偿。

比如老王有以下遗产：存款18万元，一间商铺价值20万元，还有一辆车价值10万元。老王的父母和妻子已经去世，他有两个儿子大王和小王。他写了一份遗嘱，把商铺给大儿子大王（属于遗嘱继承），把车辆给外甥小李（属于遗赠）。老王欠下的债务有30万元。老王去世后，存款由两个儿子各自法定继承50%，存款先偿还债务，偿还后还剩12万元的债务。大王继承的商铺价值20万元，小李接受遗赠的车辆价值10万元，比例为2∶1，所以大王应当偿还债务8万元，小李应当偿还债务4万元。

第六，由遗产管理人负责处理被继承人的债权债务。遗产管理人制度是《民法典》的新增内容。处理被继承人的债权债务是遗产管理人的职责之一。

第五章

房产与婚姻

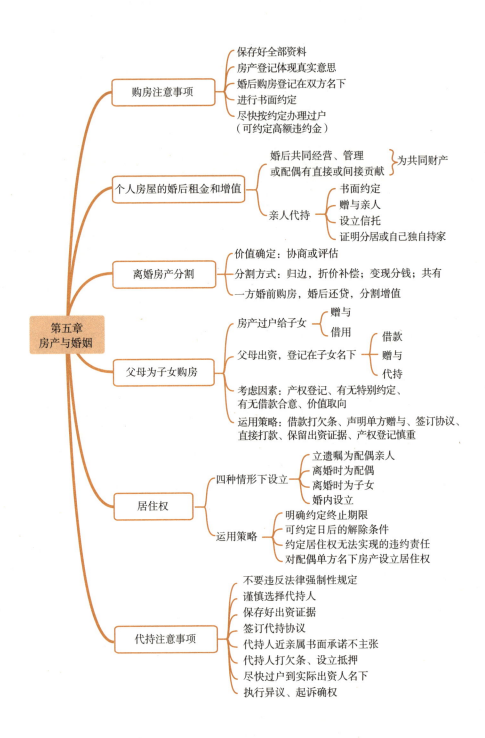

第五章
房产与婚姻

购房注意事项
- 保存好全部资料
- 房产登记体现真实意思
- 婚后购房登记在双方名下
- 进行书面约定
- 尽快按约定办理过户（可约定高额违约金）

个人房屋的婚后租金和增值
- 婚后共同经营、管理或配偶有直接或间接贡献 —— 为共同财产
- 亲人代持
  - 书面约定
  - 赠与亲人
  - 设立信托
  - 证明分居或自己独自持家

离婚房产分割
- 价值确定：协商或评估
- 分割方式：归边，折价补偿；变现分钱；共有
- 一方婚前购房，婚后还贷，分割增值

父母为子女购房
- 房产过户给子女
  - 赠与
  - 借用
- 父母出资，登记在子女名下
  - 借款
  - 赠与
  - 代持
- 考虑因素：产权登记、有无特别约定、有无借款合意、价值取向
- 运用策略：借款打欠条、声明单方赠与、签订协议、直接打款、保留出资证据、产权登记慎重

居住权
- 四种情形下设立
  - 立遗嘱为配偶亲人
  - 离婚时为配偶
  - 离婚时为子女
  - 婚内设立
- 运用策略
  - 明确约定终止期限
  - 可约定日后的解除条件
  - 约定居住权无法实现的违约责任
  - 对配偶单方名下房产设立居住权

代持注意事项
- 不要违反法律强制性规定
- 谨慎选择代持人
- 保存好出资证据
- 签订代持协议
- 代持人近亲属书面承诺不主张
- 代持人打欠条、设立抵押
- 尽快过户到实际出资人名下
- 执行异议、起诉确权

第一节　恋人夫妻房产的认定

关于恋人夫妻出资购买房屋的性质认定及分割，要考虑的因素非常多，根据归纳处理时的五大原则、考虑的各种因素，婚前婚后购房的各种情况，提出以下五大原则：

1.约定优先于法定，鉴于民法中的意思自治原则和处分原则，当事人可以自行创设权利义务，自由支配自己的财产；

2.恋爱关系与婚姻关系不同，相比恋爱购房，婚后强调人身关系，考虑对家庭的付出；

3.考虑出资情况，婚前或婚后以个人财产出资购房、父母出资购房赠与子女个人的，在分割时出资对应的产权份额属于个人；

4.不动产以登记为准（除非有相反的充分证据推翻），但是夫妻法定共有的原则更优先，当事人的特别约定更优（但不能对抗善意第三人）；

5.关于父母出资的认定，法律有相应的规定（请看本章第三节），同时要看当事人的主张和证据。

一、结婚前购房

结婚前购房，分手或离婚分割时考虑的因素主要有以下七个方面：

1.双方购房时尚未结婚，判断房屋归属以房产登记为主——登记在谁的名下，共同共有还是按份共同；

2.资金的来源：一方还是双方出资，还是父母出资，出资的具体金额和比例；

3.双方之间、和父母之间有没有特别的约定，有特别约定，且约定有效的，按照约定处理；

4.双方是否同居、购房目的；

5.分割的时间点：双方分割房产时，是分手还是离婚，后者更考虑人身关系；

6.有无利用一方或一方父母享有的购房资格、政策优惠；

7.分手的原因：有些个案会适当考虑情感中的付出与过错，双方有无同居、有无生育子女、未能结婚的原因。

注意的是："结婚日"为在婚姻登记机关进行结婚登记，领取结婚证之日。

第一种情况，大强或大强父母出资，婚前付清购房款（即不存在婚后还贷），登记在大强一个人的名下，产权最明晰，属于大强的婚前个人财产。

法律依据：《民法典》第一千零六十三条第一项，下列财产为夫妻一方的个人财产：（一）一方的婚前财产。

第二种情况，大强或大强父母出资，大强在婚前签订了房产买卖合同，支付了首期款，婚后夫妻共同还贷。离婚时，若无法协商，则该房产的产权属于大强，大强补偿相应的增值款项给妻子小丽。注意这种情况下，婚前支付的购房款是大强出资，还是大强父母出资，对于房产分割没有影响。子女结婚前，父母出资购房，视为对子女个人的赠与。注意，婚后夫妻共同还贷是法律推定的，因为夫妻婚后所得法定共有。若大强能证明婚后还贷是用属于自己个人财产的钱或者大强父母的钱，则小丽无权要求获得房屋增值补偿。

法律依据：《最高人民法院关于适用〈中华人民共和国民法典〉婚姻家庭编的解释（一）》第七十八条，夫妻一方婚前签订不动产买卖合同，以个人财产支付首付款并在银行贷款，婚后用夫妻共同财产还贷，不动产登记于首付款支付方名下的，离婚时该不动产由双方协议处理。

依前款规定不能达成协议的，人民法院可以判决该不动产归登记一方，尚未归还的贷款为不动产登记一方的个人债务。双方婚后共同还贷支付的款项及其相对应财产增值部分，离婚时应根据《民法典》第一千零八十七条第一款规定的原则，由不动产登记一方对另一方进行补偿。

第三种情况，大强和小丽恋爱时，共同出资购买了一套房屋，不存在还贷，登记为按份共有（份额比例与出资比例可能相同，也可能不相同）。笔者认为，分手时，应按出资比例分割房屋，离婚时，应按登记的份额比例分割。因为恋爱购房以结婚为目的，一方出资较多，但双方所占份额一样，甚至多出资一方的份额更少，相当于其将一定的房产份额赠与对方，若未达成结婚目的，多出资的一方可以撤销赠与。而双方结婚后，已经是夫妻，应淡化出资的因素，以产权登记为准。根据《民法典》第三百零九条规定，按份共有人对共有的不动产或者动产享有的份额，没有约定或者约定不明确的，按照出资额确定；不能确定出资额的，视为等额享有。

第四种情况，大强和小丽恋爱时，共同出资购买了一套房屋，不存在还贷，登记为共同共有，笔者认为，分手时应按出资比例分割房屋，离婚时原则上一人一半，各占50%份额。理由和法律依据与上述第三种情况相同。

第五种情况，大强和小丽恋爱时，共同出资购买了一套房屋，存在还贷，在结婚前的还贷，实际出资方占有相应的产权份额，结婚后的还贷，视为夫妻双方共同还贷，除非双方有特别约定，或者一方能证明婚后是用个人财产还贷。

第六种情况，大强和小丽恋爱时，共同出资购买了一套房屋，一方或双方的出资，包括首期款和还贷款，全部或有一部分来自父母。如果是借款，则应当将出资款项归还给父母，不影响房屋产权的认定。如果是赠与，婚前一方父母的出资，视为对自己子女的单方赠与，该笔款项对应的产权份额属于自己子女。

第七种情况，若结婚前，大强或大强父母一次性出资购房，登记在女方小丽名下，相当于将房屋赠与小丽。大强和小丽分手，通常的处理是，该房屋的产权属于小丽，小丽应当把购房款返还给大强或大强的父母，相当于小丽享受了房屋的增值。具体的返还比例，法官应有一定的自由裁量权，原则上，若是分手的，应全额返还购房款，恋爱时间长、双方曾经同居或订婚、出资一方对于分手有重大过错的，可适当降低返还比例。

第八种情况，在借名购房的一些案例中，若一方证明能自己支付全部或绝大部分的购房资金，因为规避户口、政策等限制，以恋人的名义购房，双方有代持的合意，在分手时，可要求对方（名义产权人）将房屋过户返还给自己（实际出资人）。因为要保护出资人的信赖利益，同时不能让名义产权人享受不当得利，这样才公平。

第九种情况，长期同居乃至生儿育女的情侣，婚前购房，登记在一方名下，如果对方即非产权登记方证明自己对购房直接出资，或间接出资如承担共同生活的开支、子女的开支，则有些判例会认定非产权登记方按照出资对房屋享有相应份额。

二、结婚后购房

结婚后购房，离婚分割时考虑的因素主要有以下五个方面：

1.双方之间、和父母之间有没有特别的约定，有特别约定，且约定有效的，按照约定处理；

2.资金的来源：是否以个人财产出资，父母是否出资，父母出资的性质是借款还是赠与，赠与一方还是双方；

3.产权登记，婚后购房登记为按份共有的情况下，是按照出资多少，还是按照产权登记份额来分割房产，目前司法案件中并不统一；

4.有无利用一方或一方父母享有的购房资格、政策优惠；

5.情感因素和公平原则：有些个案会适当考虑对家庭的付出，一方的过错、离婚的原因。

结婚后：绝大部分婚后取得的财产，都是法定共同共有，分割时原则上一人一半，除非双方有特别约定，或者属于婚后个人财产的几种例外情形。

第一种情况，结婚后，大强去购房，登记在大强个人的名下，即使登记为"个人所有"，也是夫妻共同财产，离婚时原则上一人一半。若大强能证明是以自己的个人财产支付了全部或部分房款，则可以认定为大强的个人财产或大强多占相应的产权份额。

第二种情况，结婚后，大强去购房，若登记为大强和小丽共同所有，离婚的时候原则上一人一半，即使大强能证明是以自己的个人财产支付了全部或部分房款，也是如此，产权登记相当于夫妻对财产的特别约定（登记为共同共有的行为隐含了该意思表示）。

第三种情况，结婚后，大强去购房，若登记大强和小丽为按份共有，有些判例按照出资比例分割，大多数判例按照产权登记份额分割。笔者认为应按照产权登记份额来分割。若大强能证明是以自己的个人财产来全部或部分出资，也是如此，相当于夫妻对财产的特别约定。

第四种情况，结婚后，若大强父母出资购房，房屋登记在大强名下，大强父母的出资视为对大强和小丽的共同赠与，除非有特别约定。

第五种情况，结婚后，若大强父母出资购房，登记在大强和小丽名下，是对两人的赠与，以产权登记为准。

第六种情况，结婚后，若大强父母出资购房，登记在小丽名下，视为对大强和小丽的赠与，该出资对应的产权份额大强和小丽各享有一半（除非大强父母明确表示不给儿子，从情理上，父母不会剥夺自己子女的受赠与权，除非双方关系特别恶劣，父母明确表示只给子女的配偶，不给子女）。

第七种情况，结婚后，大强父母和小丽父母共同出资购房，产权登记在大强一个人名下或小丽一个人名下，双方父母的出资视为对双方的共同赠与，除非有特别的约定。

第八种情况，结婚后，大强父母和小丽父母共同出资购房，产权登记在双方名下的，以产权登记为准。

三、给恋人或夫妻购房的六点法律建议

第一，保留好购房的全部相关资料，如买卖合同（定金协议、与买家

和中介的三方合同、正式商品房买卖合同等）、收据、发票、税单、房产证等。最重要的是付款凭证，即支付购房款给开发商（一手商品房）或者原房屋业主（二手房）的凭证原件，即银行转账记录、提款记录、银行回单、银行账号明细流水、收据和发票。

第二，对房产登记谨慎，体现出资情况或双方的真实意思表示。若出资情况与产权登记情况不符，即没出资也登记为产权人，或产权份额大于出资份额的，双方最好作出书面约定，明确出资情况、考虑因素、真实的意思表示，双方的产权份额。

第三，婚后购房，建议登记在双方名下。婚后购房，即使登记在一个人名下，也推定为夫妻共同房产，尽管如此，为了降低风险，建议登记在双方名下，以防止产权登记方擅自转移房产。

第四，进行书面形式的特别约定，夫妻关于房产的约定中，不要出现离婚的字眼或意思表示，因为离婚协议以离婚登记为生效要件，在离婚前不生效，一方或双方可以推翻。

第五，关于房产的约定，应尽快办理产权变更登记。

第六，关于房产的约定，写明不办理产权变更登记的违约责任，以及一方可以起诉，要求办理变更登记；写明"本协议是夫妻之间关于财产的特别约定，必须严格遵照履行，双方均无权推翻或撤销"，"未办理产权变更登记，不影响本协议的效力"。比如，房产登记为共同共有，后来双方签订书面协议，明确了房产的份额（并非各占50%），或者一方放弃产权，全部归另一方所有，应尽快办理变更登记。若房产还有银行贷款，在短期内无法还清，故无法办理变更，应将该协议公证，写明在还清贷款并涂销抵押后，办理变更登记的期限及逾期不办理的违约责任。

恋爱期间买房登记在女方母亲名下，分手了还能拿回来吗？

男方在和女方恋爱期间，全额出资购买了一套房产，登记在女方母亲的名下，后来男女双方分手，男方想把这套房子要回来。本文分析，在不同的情况下，男方能否把房子要回来（主张房屋的产权），或者是把钱拿回来。

第一，如果男方无法提供出资凭证，女方母亲否认男方的出资，则男方只能自认吃亏（没有保留好相关证据，男方只能承担不利后果了），女友没有了，房子没有了，钱也没有了。

以下假设男方能提供出资凭证，男方和女方属于正常恋爱，两人都没有配偶：

第二，如果男方和女方（或女方母亲，下同）签订了代持协议，明确约定房屋是属于男方的，只是借女方母亲的名字来买房，即借名买房。

借名买房如何处理，法律实务中有不同观点，主要有以下两种：确认借名买房，判决房屋产权属于男方；否认借名买房，判决房屋产权属于女方母亲（登记产权人），女方母亲返还出资给男方。

第三，如果男方和女方母亲签订了借款协议，那么男方就不能主张房屋的产权，只能要求女方母亲"欠债还钱"了。

第四，如果男方和女方母亲签订了赠与协议，那么根据近年的司法判例，很有可能会被认定为"以男方和女方结婚为目的"的附条件赠与，两人分手，目的落空，条件未成就，赠与人有权撤销赠与，也就是男方可以把房子要回来。

第五，如果男方有出资凭证，但双方没有签订协议，要看双方能否提供其他证据，先认定出资的性质，是借名买房、借款，还是赠与，再按照上述几种情况处理。

假设男方能提供出资凭证，但男方和女方属于不道德恋爱，男方是有配偶的：

第六，认定代持的情况下，房屋属于男方，没有损害男方配偶的利益，参照上述第二种情况处理。

第七，认定借款情况下，女方或女方母亲还钱，没有损害男方配偶的利益，参照第三种情况处理，男方和男方妻子无权主张房屋的产权。

第八，认定赠与的情况下，损害了男方配偶的利益，男方的妻子可主张赠与无效，撤销赠与，索回房屋。

第二节　个人房屋的婚后租金和增值是否属于夫妻共有财产

中国夫妻财产制度的基本原则是"婚前财产为个人所有，婚后取得的财产为共同所有"，结婚以后，大部分财产在法律上"我的是你的，你的是我的"。那么，婚前个人财产在婚后产生的收益，比如说，婚前个人房产在婚后的增值和租金、婚前取得的股权在婚后的分红，是属于个人财产，还是夫妻共同财产呢？婚前辛辛苦苦打下的江山，婚后会被另一半坐享其成吗？这要具体情况具体分析。

我们来看一个案例，小丽在婚前由父母出资和用自己的积蓄购买了一套房产，婚前她已经付清了购房款。婚后小丽和丈夫大强居住在两人共同购买的房屋里，小丽将自己的那套婚前房产出租，每月租金5000元。该房屋在两人结婚时市场价值为180万元，离婚时已经涨到500万元。在离婚时大强要求分割结婚多年以来小丽所取得的全部租金的50%，分割房屋增值的50%。

根据《最高人民法院关于适用〈中华人民共和国民法典〉婚姻家庭编的解释（一）》第二十六条规定："夫妻一方个人财产在婚后产生的收益，除孳息和自然增值外，应认定为夫妻共同财产。"所以，个人房产的婚后租金、婚后增值是否属于夫妻共同财产，要看我们把租金认定为投资收益还是孳息，增值认定为投资收益还是自然增值。

在近年的很多案例中，对此有两个标准：1.一方或双方有无共同经营、管理该财产；2.配偶对该项财产的增值和收益有无直接贡献或间接贡献。若双方都没有去经营、管理该财产，该财产处于"静止状态"，则其增值属于"自然增值"，是个人财产。比如小丽婚前买的房子和股票、婚前收藏的古董、婚前的存款，就放在那里，小丽和大强都不管不顾，没有进行过打理和操作，则这些财产在婚后的收益属于自然增值，还是小丽的个人财产。直接贡献是指直接管理该项财产或者为该项财产的增值及收益付出了时间、精力、智慧或金钱。如果小丽授权大强对小丽的婚前个人财产进行投资、经营管理，则该财产的收益为夫妻共同财产。如果大强主动对小丽的婚前个人财产进行投资、经营管理，而小丽知道后没有表示反对的，视为默示许可。比如婚后大强对房子进行装修、大幅修缮，则房屋因此增值的部分属于共同财产；大强与房产中介和租客接洽、签订租赁合同，处理出租的各种琐事，则房屋的租金属于共同财产；比如小丽婚前经营果园，大强婚后浇水施肥、采购运输，忙前忙后，则果园的收益就是共同财产；小丽将婚前的存款给大强拿去炒股或购买理财产品，大强费尽心思钻研，则分红就是共同财产。

在某些案例中，法官会区分出租的房屋是普通住宅还是商业性的住宅。有判例认为，普通住宅只需要交给中介出租，甚至自行出租，定期收取租金，不需要付出太多人力物力，且一般租金收入不会很高，大多已用于日常生活的支出，不存在分割的问题。商业性的物业出租，需要招租和管理，维护的成本也较高，收取的租金是经营性收益，是夫妻共同财产，应予以分割。

司法的倾向性观点认为，房屋租金与存款利息相比，是由市场的供求规律决定的，并且与房屋本身的管理状况紧密相连，出租方应当履行租赁物的维修义务，应当保障租赁物的居住安全，其获得往往需要投入更多的管理或劳务，产生的租金收益应当属于夫妻共同所有。

总而言之，法院倾向于认为只要一方管理过财产，就不属于"自然增值"了，而是被划入共同财产之列。因为家庭是一个整体，在共同生活中，双方共同承担家庭事务，任何一方管理财产（哪怕就是婚前个人财产所有方），都离不开对方在背后的支持和奉献，对方有"间接贡献"。

下面举两个最高人民法院发布的案例，帮助大家进一步理解。

案例一：男方婚前炒股本金21万元，婚后经常买进卖出，离婚时账面余额为365000元，其投资收益部分155000元应作为夫妻共同财产予以分割；女方婚前购买基金18万元，在婚姻关系存续期间一直原封未动，离婚时账面余额201000元，扣除本金后的21000元属于自然增值，仍应认定为女方的个人财产。

案例二：男方婚后将婚前的个人房屋卖给他人，属于自然增值，离婚时售房款应归男方个人所有。女方对该房屋用婚前住房公积金账户上的45000元对房屋进行了装修，考虑到房屋装修的折旧因素，男方应支付女方40000元的房屋装修补偿款。

如果想避免个人财产的婚后收益变成夫妻共同财产，可以做一些规划：

第一，双方签订书面协议约定一方的婚前个人财产婚后收益仍然属于其个人财产。夫妻财产的法定共有只能通过约定去改变。但对于中国人，普通夫妻极少有对财产进行书面约定的。

第二，是将婚前个人财产赠与自己的亲人，日后再通过继承、接受赠与等方式重新拿回财产。这招可谓斩草除根、曲线救国。通常是夫妻感情恶劣处于离婚边缘的人，才会采取这种极端的方式，而且存在财产被亲人侵占、转移等危险。

第三，如果资产总量非常大，可设立信托，将个人财产以及财产收益与配偶隔离。高净值人士可以考虑采取这种方式。

第四，在诉讼中，若要分割配偶婚前个人财产的婚后收益，应收集和保存好自己对该财产进行经营、管理的相关证据。若不希望被配偶分割自己婚前个人财产的婚后收益，可以从以下几个方面举证：1.双方长期分居，或生活上经济上相互独立；2.自己承担家庭开支和子女的开支，管理家庭事务，内外兼顾，对方对此不负责任或者无力承担；3.对自己的婚前个人财产，对方未曾占有、支配、投资管理等。

第三节　父母为子女出资购房的认定和风险防范

一套房子，不仅关系到男女双方的成家立业、安居乐业，有时涉及两个家族两代人甚至三代人的资金投入。若发生恋人分手、夫妻离异，对房产的处置，牵扯到亲人的利益和神经。父母的出资，性质如何认定？如果父母和子女之间发生纠纷，要求子女还钱，甚至是主张把房子要回来，应该怎么处理？而更常见的，子女和配偶离婚，父母要求子女和子女配偶还钱，或者称出资款只赠与子女，子女多分房屋份额，又应该怎么处理？关于父母为子女出资购房的认定规则，从《最高人民法院关于适用〈中华人民共和国婚姻法〉若干问题的解释（二）》第二十二条到《最高人民法院关于适用〈中华人民共和国婚姻法〉若干问题的解释（三）》第七条，再到《最高人民法院关于适用〈中华人民共和国民法典〉婚姻家庭编的解释（一）》第二十九条，一直在变化之中。

本节先分析父母把房子过户给子女的性质认定，父母为子女出资购房的性质认定，再根据最新的规定归纳出父母为子女出资购房的八条认定规则，最后提出在日常生活中风险防范的五个注意事项。

一、父母把房屋过户给子女

如果房屋本身在父母名下，或者房屋登记在父母和子女名下，后来父母办理了除名，将房屋过户到子女名下。这种情形下，通常认定为父母对子女的赠与。在子女结婚前，是对子女单方的赠与，在子女结婚后，是对子女和子女配偶双方的赠与，除非父母子女签订了协议，写明只赠与子女，或者房产只登记在子女一人名下的，也视为只赠与子女。[1]

---

① 《最高人民法院民法典婚姻家庭编司法解释（一）理解与适用》，人民法院出版社2021年版，第287页。

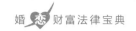

二、在某些情况下，法院会认定父母是把房子借用给子女，父母有权要求子女把房屋的产权返还给父母，即房屋变更登记回到父母名下

比如广州市天河区人民法院判决的一个案例①，老李为了让孙子小小李读小学，把自己名下的房子（有对应的学位）以买卖的形式过户到儿子小李名下，后来该房子还加了儿媳小吴的名字。小李、小吴从未支付过购房款给老李。后来老李起诉小李、小吴，要求把房子过户回自己名下，老李拿出一份他和小李签的协议书，协议书载明因小小李入学需要，老李暂时将房屋更名至小李名下，但小李无权更改房屋的属性、无权对房屋进行处分，房产仍属老李所有。天河法院支持了老李的诉讼请求，小吴不服提起上诉，二审维持原判。一审的判决理由是："本案中，老李虽将房子以买卖的名义过户给了小李，但小李、小吴实际上并未支付房款，且老李将房子过户后仍一直与小李一家在该房子居住生活并缴纳相关费用。结合房子过户时间、小孩入学时间及天河区当时的入学政策等，可以推定老李将房子过户给小李，以及小李将房子加上小吴的名字，是为了解决小孩的入学读书问题，是出于借用房子的目的，而非赠与或者买卖。同时，从小李与小吴之间的微信对话记录可知，小吴并未将涉案房产视作夫妻共同财产，其知晓房子过户的实际原因并非基于赠与的意思。因此，老李诉请确认案涉房产归其所有并要求小李、小吴将案涉房产过户至其名下，理据充分，应予以支持。"

三、父母为子女出资，子女以自己名义购房：对该出资通常有三种主张，"借款""赠与"或"代持"

（一）借款：若父母主张借款的话，就要判断是属于夫妻个人债务、由夫或妻个人偿还，还是属于夫妻共同债务，夫妻应当共同偿还。

---

① 广州日报：《为让孙子读名校，爷爷把学位房过户给儿子，结果几年后》，载广州日报公众号2022年6月18日，最后访问日期：2023年6月2日。

1.若债务被认定为借款子女的个人债务，不能因此认定房产是其个人房产，理由：第一，借款是债权债务关系，"有借有还"，借款人有义务将借款归还给出借方，故借款不影响房屋的产权；第二，父母和子女可以约定是个人债务，无须子女配偶偿还，如果因此导致子女配偶不享有房屋产权，则对子女配偶不公平。

2.若该借款被认定为双方的共同债务，房产应是共同财产。理由：第一，基于权利义务相对等的原则，既然配偶负有共同偿还债务的责任，也应享有房产的份额；第二，认定为共同债务，意味着借款是用于共同生活，双方受益，即共同享有房产（各自份额要看具体情况，有无约定，登记为按份共有还是共同共有）。

（二）赠与：若父母主张出资是赠与自己子女一方，被法院采纳，则其子女享有出资对应的房屋产权份额。若房价高涨，房屋大幅增值，父母通常主张款项只赠与自己子女一方，这样能多分割产权份额的价值，高于让子女配偶承担一半的还款，即出资父母及其子女可以最大限度地享受到房屋的增值。

（三）代持：若父母主张自己以出资额占有房屋产权份额，子女只是代持，通常很难得到法院的支持。因为不动产以登记为准，父母没有登记为产权人，相当于自行放弃了所有权。离婚案件不处理涉及第三人的财产，若父母主张子女及（或）子女配偶名下房产的产权，必须另案起诉，证明自己实际出资，且和子女、子女配偶之间有代持协议，才有可能获得支持（具体请看本章房产代持那一节）。

实践中，对父母出资为子女购买房屋行为的法律定性，应着重把握以下三个方面：

第一，应尊重双方意思自治。如果有证据足以证明父母与子女、子女配偶之间约定为赠与或者借贷，按照约定为准。

第二，对借贷关系是否成立应严格遵循"谁主张、谁举证"原则。在现实生活中，基于至亲彼此间密切的人身财产关系，一方面，父母如对子女进行资金借贷往往没有借条等书面证据；另一方面，即便父母无偿赠与资金给子女购房，也往往没有书面的字据、声明等。此时应严格执行"谁主张、谁举证"的举证责任原则。父母出资的行为性质处于不明状态时，将出资为借贷这一事实的证明责任分配给父母一方（相当于债权人），并将出资为赠与的证明责任分配给子女、子女配偶更符合证明责任分配原则。

第三，对父母出资不应直接推定为"赠与"。需要特别说明一点，司法解释中关于父母出资视为对夫妻一方还是双方赠与的，是对已经定性为赠与，但没明确是赠与一方或双方时的认定规则，并非法律直接将父母的出资推定为赠与。

浙江曾有一个案例①，老太太将儿子儿媳告上法庭，要求返还当年自己给小夫妻买房时垫付的购房款100多万元。老太太提供了儿子写给自己的借条，儿子承认是向母亲借钱，但儿媳认为这是母子串通的假债务，还提出结合"男方买婚房"的风俗，认为这是男方母亲对夫妻的赠与。

一审、二审和再审法院均认定借贷关系合法有效，是被告夫妻俩的共同债务，须向原告偿还。法院的判决理由发人深省：

"本院认为，敬老慈幼，是为人伦之本，亦为法律所倡导。慈幼之于父母，依法而言即为养育义务之负担。儿女一甫成年，当应自立生活，父母续以关心关爱，儿女受之亦应念之，但此时并非父母所应负担之法律义务。现如今受高房价影响，儿女刚参加工作又面临成家压力，在经济条件有限的情况下父母出资购房虽为常事，但儿女万不能以为父母出资乃天经地义。须知父母养育儿女成人已为不易，儿女成年之后尚要求父母继续无条件付出实为严苛，亦为法律所不能支持。

"因此，在父母出资之时未有明确表示出资系赠与的情况下，基于父母应负养育义务的时限，应予认定该出资款为对儿女的临时性资金出借，目的在于帮助儿女度过经济困窘期。儿女理应负担偿还义务，如此方能保障

---

① 浙江省绍兴市中级人民法院（2016）浙06民终2248号，载中国裁判文书网，https://wenshu.court.gov.cn/website/wenshu/181107ANFZ0BXSK4/index.html?docId=d02/Y1mOkAHz/lZ1pYRlDdhzTlfQq7wZ4AoSRgDHqatKrpJbaxRLaJ/dgBYosE2gpMETOMFw275ep4DB3l0Sq4LG/LQrtig9/az7rb3nhWCv2IpoUFiq9JSTpJSZPk74。

父母自身权益，并避免儿女成家而反使父母陷于经济困窘之境地，此亦为敬老之应有道义。至于事后父母是否要求儿女偿还，乃父母行使自己债权或放弃自己债权的范畴，与债权本身的客观存在无涉。"

四、父母为子女出资购房的认定规则

（一）无论婚前婚后，父母为子女出资购房，发生纠纷时，首先要明确出资的性质，属于借款、赠与还是代持。

（二）无论婚前婚后，父母和子女、子女配偶、子女的恋人有约定的，且约定不存在法律规定的无效情形，则按照约定处理。关于约定的形式，应该是书面协议，白纸黑字，各方签名，清清楚楚。如果是其他形式，比如邮件、微信、短信等，证明效力比较弱，容易产生争议。

（三）如果父母和子女签订了协议，约定父母的出资属于借款，或者子女向父母打了欠条，但是子女配偶对出资属于借款不予确认，首先要查明协议、借条的真实性，若排除协议、借条是伪造、后补的，则该款项应当属于借款。若子女配偶能提供证据证明出资属于对双方的赠与，比如父母曾明确表态，或签订过相关协议，则认定出资为对双方的赠与。若同时存在借款的证据和赠与的证据，应根据证据规则予以采纳。二者是非此即彼，不可能并存的关系。

（四）如果父母主张是借贷，子女或（和）子女配偶主张是赠与，双方都无法提供充分证据，父母无法证明是借款，则推定为赠与。理由是"从中国现实国情看，子女刚参加工作缺乏经济能力，无力独自负担买房费用，而父母基于对子女的亲情，往往自愿出资为子女购置房屋。大多数父母出资的目的是要解决或改善子女的居住条件，希望让子女生活更加幸福，而不是日后要回这笔出资，因此，在父母一方主张为借款的情况下，应当由父母来承担证明责任，这也与一般人的日常生活经验感知一致"[①]。

[①] 最高人民法院郑学林、刘敏、王丹：《关于适用民法典婚姻家庭编的解释（一）若干重点问题的理解和应用》，载《人民司法》2021 年第 13 期。

（五）子女结婚前，父母为子女出资买房的，应当认定为对自己子女个人的赠与，但父母明确表示赠与双方的除外。

（六）子女结婚后，父母为子女和子女的配偶出资购房，没有约定的，该出资视为对子女和子女配偶的共同赠与，除非赠与合同中明确只归一方。

（七）不动产登记可以推定为父母的一种意思表示：如果登记在自己子女一方名下，视为父母的出资只赠与自己子女一方；如果登记在子女和子女配偶双方的名下，视为父母的出资赠与子女和子女配偶双方。

"我们认为，可以通过出资过程中相关的外观行为加以判断在父母出资为子女购买不动产的情况下，根据不动产登记情况来判断父母是赠与自己子女一方还是赠与其夫妻双方是比较客观的，实践中也易于掌握，与不动产物权变动登记生效主义原则也是一致的。即在父母出资意思表示不明时，如果房产登记在自己子女一方名下，应当认定为是对自己子女一方的赠与；如果登记在自己子女及其配偶双方名下，应当认定为是对夫妻双方的赠与。当然，也可能存在登记在子女配偶一方名下的情况，但基于血亲关系的特殊性，此种情况宜认定为是对夫妻双方的赠与。为此，《最高人民法院关于适用〈中华人民共和国婚姻法〉若干问题的解释（三）》在制定时即确定了明确表示赠与一方与产权登记主体两者相结合的思路。此种处理既与物权相关规定相衔接，贯彻不动产物权登记公示公信原则，又将父母一方的意思表示确定了一个客观的判断标准。"[1]

五、父母为子女出资购房风险防范的注意事项

（一）在父母的出资是借款的情况下，父母应要求子女、子女配偶打欠条，或签订借款合同。

（二）在父母的出资是赠与的情况下，父母与子女、子女配偶共同签订

---

[1] 最高人民法院民法典贯彻实施工作领导小组：《中华人民共和国民法典婚姻家庭编继承编理解与适用》，人民法院出版社 2020 年版，第 160 页。

书面协议，写明只赠与子女，只赠与子女配偶，还是赠与子女、子女配偶双方，全体共同在协议上签字确认。

（三）父母以银行转账或电子转账的形式出资，并保留好转账凭证，不要用现金形式出资。

（四）如果父母的主观意愿是出资款只赠与自己子女，父母应将购房款项直接转账给子女，或者直接转账给开发商、卖家，不要经过子女配偶的账户，也不要用现金支付。

（五）如果父母的出资被认定是赠与，而房屋登记在子女和子女配偶名下，那么即使子女配偶没有出资，或者出资份额少于产权份额，也很可能会被法院认定父母出资是赠与子女和子女配偶双方。所以，对购房合同上的购买方、房屋登记的产权人，都要慎重考虑清楚。

延伸阅读

案例：妈妈送的房子，儿子有权转送给老婆吗？[①]

母亲出资买了房子，登记在儿子的名下，儿子婚后在房产上加了老婆的名字。儿子离婚后，母亲起诉说房产加名是瞒着自己的，拿出了自己和儿子签订的协议，上面写着房子不能买卖或赠与，否则母亲有权收回。母亲据此要求撤销赠与，要把房子拿回来。女方说，那份协议是前夫和前婆婆后补的，目的就是想把房子拿回去。有人可能会认为，是儿子"败家"，把老娘给的东西拱手送给别人。那么，儿子的态度呢，站在母亲这边。很明显了，儿子离婚后，让母亲出面告女方，母子合力争取把房子拿回来。也不能说男方和男方母亲什么，此时，女方已经是一个"外人"。感情没有了，因爱生恨，反目成仇，经济上的损失，能少一点，就是一点。判决结果是母亲的诉请一、二审都被驳回了。

①　吉林省长春市中级人民法院（2021）吉 01 民终 3304 号，载中国裁判文书网，https://wenshu.court.gov.cn/website/wenshu/181107ANFZ0BXSK4/index.html?docId=kMsjlAhD//GQ0hnYdbRP0K16jcJ2+S0/ZY//64BFT9gPUXz/WfRtWJ/dgBYosE2gpMETOMFw275ep4DB3l0Sq4LG/LQrtig9/az7rb3nhWCv2IpoUFiq9OynN5ZXgtiN。

我们分几种情况讨论：

第一，如果母子之间没有任何约定，房产登记在男方一人名下，母亲对男方的赠与已经完成，房屋是属于男方的个人财产。男方同意把女方的名字登记在房产上，在法律上有两种理解：其一，夫妻之间的特别约定，女方取得房屋产权份额。其二，男方把房屋产权份额赠与女方。第一种理解：夫妻之间的特别约定，不可撤销，《民法典》之前，法院对很多类似案件都是这样认定的。第二种理解，把房产份额赠与女方，登记已经完成，必须有特殊理由才能撤销，本案没有这些情形。主要依据是《民法典》第六百六十三条，即受赠人有下列情形之一的，赠与人可以撤销赠与：（一）严重侵害赠与人或者赠与人近亲属的合法权益；（二）对赠与人有扶养义务而不履行；（三）不履行赠与合同约定的义务。赠与人的撤销权，自知道或者应当知道撤销事由之日起一年内行使。

第二，母亲和儿子签订的协议是后补的，如果通过鉴定（签名显示日期和笔迹鉴定日期不一致）或者其他证据，证实母亲和儿子签订的赠与协议是后补的，可以推定两人串通损害女方利益，协议无效。母亲自然也无权要求收回房子。

第三，母亲和儿子当年确实签订了那份协议，协议是真实、合法有效的。

母亲能否依据协议追回房子？这里有两个赠与关系，母亲赠与儿子、儿子赠与妻子。母亲的撤销权，是否应当有期限？有的，一年。一审法院认为在母亲知道或应当知道儿子将房子部分赠与妻子后的一年内，母亲应该主张该撤销权（二审法院没有论述这点）。母亲是否有权撤销儿子对前儿媳的赠与？一审、二审法院都认为无权。因为儿子已经是产权人了，儿子对当时妻子的赠与，也已经完成。判决隐含的意思是：母亲如果和儿子之间有约定，儿子违反了该约定，母亲也只能追究儿子的违约责任了。此处，前儿媳的法律地位，有点像"善意买家"。当然，因为加名时，双方是夫妻关系，所以不会要求女方支付对价。总之女方没有过错。怎么说呢，浓情蜜意时，房产加名，恩断义绝之后，又要人家"吃了我的吐出来"。好处都被你占了？总之，送人东西的时候，切记谨慎，因为很可能拿不回来，不然怎么叫"送"呢？

第四节　离婚房产分割

离婚涉及三大块：情感、亲子和财产。情感包括人身关系、感情状况和过错；亲子包括抚养权、抚养费和探视权；财产包括共有财产的分割和债权债务的处理。离婚中的财产处理，尤其是房产的处理，因为涉及的价值较大，往往是案件的焦点。根据《民法典》第一千零八十七条第一款，离婚财产的分割，先由双方协商，双方协商一致的，按照双方的合意来处理。协商不成，法院根据财产的具体情况，按照照顾子女、女方和无过错方权益的原则判决。

一、离婚分割财产的范围：夫妻双方共有的财产

离婚分割财产，首先要给财产定性，是个人的财产，还是夫妻共同财产。如果是个人财产，就不存在分割了。离婚分割的是夫妻双方共有的财产。

如果财产涉及其他人，比如夫或（和）妻出资购房，房产由其他人代持，也就是房产在其他人的名下，或者房产除了夫妻的名字，还有其他人的名字，法院通常不会在离婚案中处理。因为离婚案件只审理夫妻之间的事情。若财产涉及第三人，比如未成年子女、一方的父母是登记产权人，或与男女双方（一方）同为登记产权人，则该房产通常不在离婚案件中处理，当事人必须另案起诉。

二、离婚分割夫妻共同共有的财产，原则上是一人一半，特定情形下倾斜

注意，这里说的是"原则上"，有原则就有例外。

比如说小丽跟大强有书面的约定，写明房产是属于谁的，各占多少份额，那么离婚时就按照他们的约定来处理。

在某些情况下，法院还会考虑婚姻持续时间长短、实际共同生活时间长短、对房屋的出资和贡献、是否在经济上互相独立、在婚姻当中的过错、是否抚养孩子等各种因素来适当调整财产分割的比例。比如从五五变成四六这样的比例，倾斜10%，双方就相差20%了，对此法官有一定的自由裁量权。毕竟在个案当中，情况是千差万别的，"一刀切"往往未必公平。

三、房产的定性及分割比例

房产是个人所有还是夫妻共同共有、夫妻按份共有，各自占多少份额，是一个非常复杂的问题，涉及的因素有：房屋的购买时间、出资情况、产权登记情况，有无特别约定等，要综合考虑。详情请看本章第一节、第二节和第三节。

四、如何确定房产的价值

首先，如果双方能对房屋的价值达成一致的话，就按照双方认可的这个

金额。如果双方差距不大，法院往往会在这点上做双方的工作。因为评估要花不少时间，法院要摇珠，确定评估机构，评估报告通常要两三个月才能出具，双方还要承担评估费用（申请方预缴，最终根据财产分割比例分摊）。

但如果双方差距很大，又达不成一致的话，也只能评估了，因为房子价值多少不是某一方说了算，也不是法官说了算，必须委托专业的机构进行评估。

五、离婚中房产分割的三种方式

（一）第一种分割方式"归边"，也就是房屋的产权属于某一方，由这一方补偿另外一方。打个比方，如果小丽要房子，而大强不要房子，那么就把房子判给小丽，小丽将相当于房屋一半价值的款项补偿给大强。

如果小丽想要房子，大强也想要房子，那就由双方来竞价，什么叫竞价呢？就是价高者得。在司法实践当中，往往会采取一种背对背竞价，就是彼此不知道对方的出价。双方各自写一个金额给法院，也就是自己认为房产市场总价值的这个金额。价高者得，这是一种博弈，而且也很公平，你出的价高，你就可以把房子拿到手，但同时你补偿对方的也多，所以这是一个很微妙的博弈，可以达到一种利益的平衡。在归边的情况下，有可能双方都拿不出钱补偿对方。有些当事人东拼西凑到处去借钱，才把这个补偿款凑齐了，在相当长一段时间内生活会比较窘迫。有人可能会问，为什么不把房子卖了呢？这个是很现实的问题，因为小孩子要读书，要在房子里面居住，或者还有别的原因，需要在房子里面居住。有些人因为情感上心理上的原因，也不愿意卖房子，这是可以理解的。

（二）第二种分割方式"变现分钱"：小丽和大强都不要房子了，把房子卖掉分钱，大家协商一致的话就共同去市场上变卖，如果大家无法协商一致，就由法院来拍卖。拍卖可能流拍，而且拍卖其实不太划算。起拍价往往按照评估价的一定折扣（比如在广州，第一轮拍卖的起拍价是评估价的七折，如果第一轮流拍，第二轮拍卖在第一轮价格的基础上再打八折），实际成交价也很可能低于市场价格，当事人还要承担拍卖的费用。当然，拍卖变卖也有好处，不会像归边那样，有可能双方都拿不出钱补偿对方，或者为此捉襟见肘。双方共同去市场上出售房屋，难度也不小。因为离婚诉讼中或者离婚后的男女双方没有信任基础，被对立情绪裹挟。最好是共同委托律师和中介去操作。双方最好签订共同售房的协议，约定出售价格（或价格范围）、收款方式、房屋的质量瑕疵及权利瑕疵担保责任由谁承担、交楼义务由谁承担、各种税费由谁承担（由卖家承担的情况下）、房屋的各种费用由谁结清、一方反悔不卖的违约责任等。此外，房屋买卖涉及与买家的权利义务，无论对内对外，均应谨慎处理。

（三）第三种分割方式"实物分割"，早些年在物质比较困难，居住条件很紧张的情况下，还有一些案件采取实物分割。打个比方，就是把一套房子区分开来，这个房间属于小丽，那个房间属于大强，厨房厕所如果只有一间的话，就只能共用了。有些情况下，还会对房屋进行一定的改造，或者在某个地方砌一堵墙隔开来。这种肯定是迫不得已的方式，两个人离了婚，还抬头不见低头见，住在同一个屋檐下，很容易发生矛盾冲突，也很难开展新的生活。一方想要把房子卖掉也很困难。房屋的使用价值、经济价值都是大大下降。现在已经越来越少采取这样的分割方式了。

六、离婚时尚未还清银行按揭贷款的房产如何处理

对于这种房产，通常以离婚时的房产市场总价减去尚未偿还的贷款本金，作为房屋的"净值"，也就是可以分割的价值，由取得房屋产权的一方支付净值的50%的款项给另一方，剩余房贷由取得产权的一方偿还。剩余的房贷利息不应扣除，因为利息取决于使用银行资金时间的长短，产权方可以提前清偿或按原有方式继续偿还，具有不确定性。对银行而言，男女双方对剩余的房贷包括本金和利息继续承担连带偿还责任。因为离婚协议或离婚判决不能约束第三人，要保护债权人的利益。因此，应由具有充分偿还能力的一方承担剩余房贷，避免离婚后双方被银行告上法庭。

七、婚前一方购买，婚后共同还贷的房子如何分割

婚前一方购房，签订房屋买卖合同，房屋登记在这一方的名下，结婚后继续还贷，这种情形很常见。婚后的还贷，法律上推定为双方共同还贷，除非一方能证明是用自己的个人财产还贷，或者父母出资还贷且该出资约定只赠与自己子女。

《最高人民法院关于适用〈中华人民共和国民法典〉婚姻家庭编的解释（一）》第七十八条规定"夫妻一方婚前签订不动产买卖合同，以个人财产支付首付款并在银行贷款，婚后用夫妻共同财产还贷，不动产登记于首付款支付方名下的，离婚时该不动产由双方协议处理。依前款规定不能达成协议的，人民法院可以判决该不动产归登记一方，尚未归还的贷款为不动产登记一方的个人债务。双方婚后共同还贷支付的款项及其相对应财产增值部分，离婚时应根据民法典第一千零八十七条第一款规定的原则，由不动产登记一方对另一方进行补偿"。该条与2011年颁布的《最高人民法院关于适用〈中华人民共和国婚姻法〉若干问题的解释（三）》[①]第十条完全一致。

婚后增值如何计算，法律没有明确规定，在司法实践中，有不同的计算公式。在这里介绍司法中最广泛适用的一种计算公式，供读者参考。先计算房产的升值率，即房产在离婚时比结婚时升值了多少倍，用房产现总价除以购房成本，购房成本包括结婚时房产总价、婚后已还利息、购房中介费、税费、物业维修基金等（这些费用能否全部包括在内，法官有一定自由裁量权）。再用婚后共同还贷本息乘以升值率，得出房屋在婚后的增值是多少，最后除以2（增值每人分割50%）。公式如下：

升值率＝房产现总价÷购房成本（即结婚时房产总价＋婚后共同已还利息＋中介费＋税费等其他费用）

补偿款＝（共同还贷本息×升值率）÷2

在有些案件中，购房成本以购买房产时的价格计算，而不是结婚时的房产总价，这样的好处是不用进行评估，购房时的价格在房屋买卖合同中

---

① 已失效。下文不再提示。

已经明确。如果购房和结婚时间相差不是太久，房产从购买到结婚增值不多，可以按照购房价格计算。如果购房后数年才结婚，房产大幅增值，建议房屋的产权方还是要申请评估结婚时的房产总价。

第五节　居住权在婚姻家事中的运用

居住权是《民法典》的新规定。通俗地说，居住权是指可以住在别人的房子里。房屋的业主甲和乙签订居住权合同，约定乙对甲的房屋有居住权。或者房屋的业主甲订立遗嘱，指定乙可以在甲留下的房屋中居住。甲还可以立遗嘱把房屋给丙，指定乙有居住权。

根据《民法典》第三百六十七条第二款，居住权合同或者遗嘱中关于居住权可以包括以下内容：1.当事人的姓名或者名称和住所；2.住宅的地址和产权证号；3.居住的条件和要求（重要提示：可以在居住权合同中约定有权居住的前提条件）；4.居住权期限（重要提示：建议在居住权合同中约定居住权的期限）；5.解决争议的方法。

乙要享有居住权，必须符合两个条件：1.必须有书面的居住权合同，且该居住权合同合法有效，或者房屋的产权人订立了合法有效的遗嘱；2.居住权合同在房管部门进行登记备案（重要提示：根据《民法典》第三百六十八条，居住权合同必须在房屋管理部门登记，否则无效）。

那么，房屋的业主甲可以向居住权人乙收取费用吗，根据《民法典》第三百六十八条，居住权无偿设立，但是当事人另有约定的除外。也就是说，如果甲乙双方在居住权合同中约定了费用，就按照约定来执行，如果没有约定费用，就是无偿的。房屋的业主甲可以将房屋出租吗？根据《民法典》第三百六十九条，设立居住权的住宅不得出租，但是当事人另有约定的除外。也就是说，除非甲乙在居住权合同中约定了甲有权将房屋出租，否则甲不能将房屋出租。作为居住权人，乙无权将居住权转让给其他人，无论是有偿还是无偿。居住权也不能继承，不存在法定继承或遗嘱继承。

　　至于一套房屋能否设立两个或以上的居住权，法律没有禁止。但应考虑各居住权人是否方便，妥善安排，避免矛盾。居住权可以被运用的场景有很多。比如老年人把房屋过户给子女后，在该房屋上设立居住权，保障自己不被赶出家门。还有就是老年人为再婚配偶或者保姆设立房屋居住权，以保障自己百年之后，其能继续在房屋中居住。

　　其实居住权在婚姻中也能解决不少难题，以下结合近年的几个案例，探讨居住权在离婚和婚内四种情形下的运用。

　　第一，立遗嘱为配偶或亲人设立房屋的居住权。对于个人所有的房屋，如果不愿意在死后让配偶得到房屋产权，又想保障配偶有容身之处，可以在遗嘱中为配偶设立房屋的居住权。有一个案子[①]，妻子立遗嘱，将婚前个人房屋给弟弟，丈夫再婚前有居住权。妻子去世后，丈夫和弟弟打官司。法院判决房屋的产权归弟弟，丈夫享有居住权。2021年丈夫发现妻子弟弟将房屋挂在网上出售，于是丈夫向法院申请了强制执行，房屋的居住权登记在了丈夫名下。

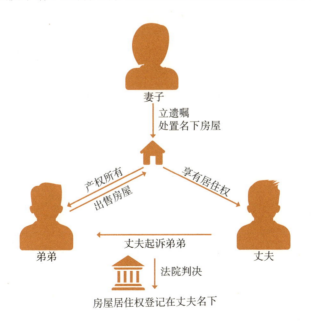

　　① 长江日报:《武汉首例，判了！妻子留遗嘱：房子送弟弟，丈夫再婚前可以住……》，载长江日报微信公众号 2021 年 3 月 17 日，最后访问日期：2023 年 6 月 2 日。

第二，离婚时为配偶设立居住权。《民法典》第一次明确提出"居住权"的概念，而事实上居住权类似的规定早已出现，且恰恰就是在《婚姻法》（已失效）里。《婚姻法》第四十二条规定："离婚时，如一方生活困难，另一方应从其住房等个人财产中给予适当帮助。具体办法由双方协议；协议不成时，由人民法院判决。"这种以住房形式"帮助"前妻或前夫，实质就是给予其居住权。这一条在《民法典》中也保留下来了。《民法典》第一千零九十条："离婚时，如果一方生活困难，有负担能力的另一方应当给予适当帮助。具体办法由双方协议；协议不成的，由人民法院判决。"

在这种情形下，我们再来探讨两个问题：1.房屋所有权的变动能否推翻之前已经设立的居住权？ 2.假如在离婚后居住权得不到实现，能否要求对方（前夫或前妻）赔偿？

曾有一个案件[①]：甲男和甲女离婚时约定某套房屋归甲男所有，但甲女享有永久的居住权，甲女可以一直住到去世为止。后来甲男与乙女再婚，并将该房屋变更登记为甲男和乙女共有。甲男和乙女起诉要求甲女从该房屋中搬出，被两审法院驳回。

还有一个案件[②]，王某和杨某离婚时约定，杨某可以一直居住在王某名下的房屋（没有约定具体期限）。后来王某将该房屋赠与自己的母亲，王某母亲又将该房屋卖给了其他人，该新业主要求杨某搬走。杨某以自己和王某约定的居住权无法实现为由，向王某索赔100万元。一审法院参考同地段类似房屋的租金，结合购房资金来源、房屋价值、居住状况，判决王某向杨某赔偿15万元。王某不服，提起上诉，二审维持原判。

---

① 安徽省合肥市中级人民法院（2020）皖01民终5824号，载中国裁判文书网，https://wenshu.court.gov.cn/website/wenshu/181107ANFZ0BXSK4/index.html?docId=clmgJ9BiZfbBl5hsWLe7NLHfm41XtO4nJwRzdLf2Hbxli1ktEqCDzp/dgBYosE2gpMETOMFw275ep4DB3l0Sq4LG/LQrtig9/az7rb3nhWCv2IpoUFiq9IQK6gqCpgpo。

② 北京市第二中级人民法院（2020）京02民终3406号，载中国裁判文书网，https://wenshu.court.gov.cn/website/wenshu/181107ANFZ0BXSK4/index.html?docId=i37nDuF0QAIMKhTDEyGTPcIfgSDvyXMqrhZcPGzebaZgYwXXRp5vaZ/dgBYosE2gpMETOMFw275ep4DB3l0Sq4LG/LQrtig9/az7rb3nhWCv2IpoUFiq9INIW1IOxXJu。

由此可见，若离婚时双方约定一方享有居住权，在离婚之后，即使房屋所有权发生变动，居住权（尚在期限内或未设定期限）也不受影响。房屋的产权人不能对抗居住权，因为居住权本来就是在所有权之上设立的，对所有权进行限制（所谓的"权利负担"）。居住权优先于所有权，否则居住权制度就会失去意义和作用。只要离婚协议合法有效，且在设立居住权时没有侵犯第三人的所有权（没有共有人，或已取得共有人明确同意），那么即使之后所有权发生变动，也不影响设立在先的居住权。买卖不破租赁，买卖也不能破居住权（此处的"买卖"代指各种所有权变动的情形，因为买卖是所有权变动中最常见的情形）。

要特别注意的是：上两个案例发生在《民法典》生效之前，所以当事人虽然未对居住权进行登记（当时尚未设立这项制度，房屋管理部门无法受理登记），法律对居住权也予以保护。而现在《民法典》已经生效了，设立居住权必须进行登记才生效！

第三，离婚时为子女设立居住权。在现实中通常是子女需要该房屋的学位（即子女在该房屋附近的对口学校就读），且携带抚养子女的一方（抚养权方）在离婚后没有房屋，其与该子女同住，照顾该子女读书生活。

曾有案例，甲男和甲女在离婚时约定：房屋属于甲男所有，甲女和儿子有权在该房屋一直居住到儿子初中毕业。后来甲男再婚生育了女儿，甲男以女儿需要该房屋对应的学位就读幼儿园和小学为由，要求甲女和儿子搬出。法院没有支持，同样是上面说的道理，而且甲男在与甲女签订离婚协议时，就应当预见到自己以后有可能再婚，甲男应当自行解决再婚生育子女的读书问题。

第四，在婚内设立居住权。笔者曾接到不少咨询——婚后购买房产，登记在一方名下，或者是一方婚前购房，房屋登记在该方名下，双方婚后共同还贷。作为非产权人的一方，非常担心产权人即配偶擅自将房屋卖掉，转移款项，自己无法追回。要预防这种可能的"重大损失"，有三种办法：1.要求加名，在房产登记上加入自己的名字；2.要求出售房产，重新购置房产或财产，登记在自己名下或双方名下，或能处于自己的实际控制中；3.要求在房屋上设立居住权。

以上这三种方法都必须经过房屋产权人也就是配偶的同意。前面两种，直接取得房屋的所有权或财产控制权，能彻底解除担忧，但配偶同意的可能性不大。相对而言，要求居住权的难度最小，配偶同意的可能性会大些。居住权要在房屋管理部门进行登记才生效。设立了居住权的房屋，涉及产权登记变更时，房管部门会通知居住权人。这样就能达到防止产权人擅自处分房屋的目的了。

综上所述，我们总结出运用居住权的几点风险防范策略：

第一，居住权合法设立后，即使所有权发生变动（无论是继承、赠与还是买卖），居住权也不受影响。房屋的产权人不能对抗居住权人。所以在设立居住权时，最好约定明确期限。在购买房产时，也一定要到房屋登记部门查册，明确房屋是否有居住权。

第二，若离婚协议约定（前）配偶或（和）子女对房屋享有居住权，房屋产权人再婚（即使现任配偶也成为房屋产权人），如果居住权期限未满，也无权要求原配偶或（和）子女搬走。故协商离婚时，应对日后的情况变化有所预见，避免不必要的麻烦。

第三，若离婚协议约定的居住权未能实现（因为产权人处分了房屋，或者有其他原因），居住权人可以要求产权人和（或）过错方赔偿损失，双方可事先在离婚协议中约定补救方式或赔偿金额。

第四，婚内可约定一方对配偶单方名下的房屋享有居住权，并在房屋管理部门进行登记，有效防止配偶单方擅自处分房屋。

第六节 房产代持的风险和防范

房产代持，也就是房屋的实际出资人和登记产权人不一致。近年来，在房屋限购和银行限贷政策的影响下，出现了不少这类现象，有些人为了取得购房的资格，或者是降低购房的成本，于是借用其他人的名字来买房。

有些人与配偶感情不好，但暂时还不考虑离婚，有些人在外面欠了钱，或有负债的风险，为逃避债务或法院的强制执行，就干脆把房屋登记在亲戚朋友的名下。这里的"房产"可以做广义的理解，包括房屋、商铺、车位，甚至特殊的动产即车辆。

一、关于房产代持的效力，暂时还没有明确规定是否有效

有的判例认为代持是为了规避限购政策，损害了社会公共利益，是无效的，实际出资人甲只能要求代持人乙返还出资，相当于甲借钱给乙购置房产，增值由乙享有；有的法院又认为限购政策并非法律、行政法规，代持并不因为违反限购政策而无效。

在我国，判断不动产的权属，原则上以登记为准。也就是说，房子登记在谁的名下，产权就属于谁。房屋的产权登记，是确定权属的合法依据，对外有公示公告的效力，起到维护交易安全和市场秩序的重要作用，同时也是房屋管理部门的一种行政管理手段。在这种裁判思路的指导下，以往很多判决是否定代持的，而近年来有些判决倾向于遵循"谁出资谁受益"的原则，在当事人能证明代持合意的前提下，认定实际出资人是房屋的产权人，以达到实质公平。但是，千万不要误会借别人的名义来买房没有风险。毕竟没有明文规定，法院将产权判给实际出资人或者名义产权人都是有可能的。一方面，实际出资人为了钻政策的空子或者获取某种利益，明明知道将房子登记在他人名下有风险，却故意为之，那么承担相应的风险和不利的后果，可谓咎由自取。另一方面，实际的出资人购房的目的落空，为他人作嫁衣，代持人包括其配偶、法定继承人平白无故地获得利益，也是法律上所说的不当得利。

二、房产代持的风险

房产代持有很多风险：我们来看三个小故事。

故事一：张先生名下已购有两套房屋，他所在的城市规定一个家庭只能购买两套房屋。于是，张先生出资以母亲的名义购买了一套房屋。数年后母亲去世，张先生的妹妹主张该房屋属于母亲的遗产，要求分割。

故事二：高先生经营的公司负债累累，为了避免房屋受到债务的牵连，他全额出资，以朋友的名义购买了一套房屋。不料后来朋友翻脸不认人，称房屋登记在谁名下，就是谁的，拒绝将房屋过户给高先生。

故事三：陈女士长期与丈夫感情恶劣，分居两处，碍于面子及孩子年幼，维系着夫妻的名义。陈女士打算购房增值，又不愿意与丈夫发生法定共有，于是她出资以姐姐的名义购房。后来姐姐丈夫提出离婚，并要求分割这套房屋。

房产代持有五个风险：第一，代持人主张房屋产权，这是信用风险，代持人起了贪念，想把房产据为己有。如果法院不确认，实际出资人即使能把出资拿回来，财产的增值也被代持人享受了。第二，代持人或者其配偶要离婚，配偶主张分割房屋（两种特定情形下，婚内也可以要求分割）。第三，代持人死亡，其继承人主张分割房屋。第四，代持人擅自处分房屋——将房屋出售或赠与第三人，或在房产上设置抵押等。第五，代持人涉及诉讼，房屋被法院查封、拍卖或处置等。

天下没有免费的午餐，代持人也有风险：第一，可能丧失购房资格，或者购房成本增大；第二，可能因房屋被卷入诉讼中；第三，若实际出资人不按时足额归还贷款，代持人的信用会受影响；等等。

三、房产代持的风险防范策略

尽量不要让别人代持自己的房产。如果确实出于某些考虑，要让别人代持房产，做到以下几点，将风险控制在最低限度。

第一，不要违反法律、行政法规的强制性、禁止性规定。

第二，谨慎选择代持的人，代持的人必须与自己关系密切，最好是有血缘的近亲属，并且代持人的人品、诚信、身体状况、财务状况、婚姻状况都良好。

第三，保存好出资的全部证据，如银行转账凭证或电子转账凭证，不要采取现金支付形式。

第四，签订代持协议：实际出资人和代持人签订书面的出资协议，明确约定出资情况和产权的归属，约定代持人的违约责任。

第五，让代持人的配偶、子女、父母出具声明书，写明其知悉代持的事实，确认房产为实际出资人所有，确认其在任何情况下无权对财产主张任何权利。

第六，设立抵押或质押：为更加稳妥起见，有些实际出资人会让代持人写一张欠条，金额与出资款相当，并约定将房屋作为借款的抵押物。

这样做有利有弊。如果要阻止代持人擅自处分房屋，就必须在房屋管理部门进行抵押登记，抵押才发生物权法上面的效力，即设立在先的抵押权优先于购买人和受赠与人的所有权。弊端在于出资与借款是两个性质完全不同的法律概念。出资是享受物权，包括物的增值，借款只享受债权，只能要求返还本金和利息，不能享受物的增值。也就是说，采取这种借款抵押的方式，可以最大限度地保证自己的出资不付诸东流，但也有可能无法享受房屋的增值，达不到购房的目的。

第七，尽快办理房产的登记过户。在政策允许或客观条件具备的情况下，实际出资人尽快将房产变更登记到自己名下。

第八，如果代持人被起诉，代持房产被查封或被执行，实际出资人应尽快提起异议，同时起诉要求确认房产属于自己。

最后再强调一次，自己出资但房子、股权或其他财产登记在别人名下，无论怎样预防，都是有风险的，没法做到万无一失。

第六章

股权与婚姻、继承

第六章
股权与婚姻、继承

- 股权和收益是否属于夫妻共同财产
  - 一方婚前股权，个人财产
  - 婚前股权的婚后收益，配偶有贡献的，共同财产
  - 婚后股权和收益，共同财产
  - 有特别约定的，对内有效，不能对抗善意第三人
  - 工商登记，并非夫妻约定的份额
  - 间接持股，配偶无权要求分割

- 夫妻一方擅自转让股权
  - 受让方善意取得，配偶无权撤销
  - 不符合善意取得，也可能不支持撤销
  - 救济：婚内分割，离婚追索（倾斜分割）
  - 善意与否：夫妻感情状况、受让方是否知情、转让价格、是否已办变更、是否再次转让
  - 防范策略：配偶成为公司股东，参与经营
  - 签订协议约定违约责任

- 离婚股权分割
  - 三种分割方式：
  - 作价补偿、分割转让款、另一方成为股东
  - 股权作价：双方协商一致、评估、参照同业
  - 不同类型股权的分割：有限责任公司、股份有限公司个体户、合伙、一人独资
  - 策略：多掌握公司资料、分割方式灵活、申请评估、要求持股方举证、另行起诉

- 股权代持
  - 代持确认：实际出资+代持合意
  - 股东资格确认：确认代持+其他股东半数以上同意
  - 名义股东擅自转让股权：
    受让人善意取得，隐名股东要求名义股东赔偿
    受让人非善意取得，隐名股东要求撤销
  - 风险：显名股东否认、擅自处分、离婚分割、死亡继承、被债权人执行、其他股东不确认、出资不实的责任
  - 防范策略：不要违反法律和政策，选择可靠、适合之人，保存好出资证据，签订代持协议，公证，排除代持者财产权，在股权上设立质押，保存参与经营证据，公司章程和股东协议特别安排，境内上市前清理，变更到自己名下

- 股权继承
  - 1.继承人成为股东；2.第三人受让股权；
  - 3.其他股东收购；4.公司回购；5.公司清算

- 七条法商策略
  - 1.婚前筹划（代持、信托等）；2.婚前（内）协议；
  - 3.避免夫妻均为同一家公司股东；4.非股东一方掌握经营状况；
  - 5.股东订立遗嘱；6.购买股东互保险；
  - 7.公司章程和股东协议特别安排

股权，顾名思义，是指股东享有的权利。股东是公司的出资者，按照出资比例或约定的比例来享有各种权利。股权牵涉到公司和其他股东，具有人身性和财产性双重属性，比较复杂。

根据我国《公司法》的规定，有限责任公司和股份有限公司股东享有资产收益、参与重大决策和选择管理者等权利，包括但不限于，（1）收益权：股东有权依照法律法规、公司章程规定获取红利，分配公司清算偿债后的剩余资产；（2）知情权：了解知悉公司的财务状况和经营状况，有权查阅、复制公司章程、股东会会议记录、董事会会议决议、监事会会议决议和财务会计报告（股份有限公司股东有权查阅公司章程、股东名册、公司债券存根、股东大会会议记录、董事会会议决议、监事会会议决议、财务会计报告，对公司的经营提出建议或者质询）；（3）质询权：对公司的经营提出建议或者质询，提议召开临时股东会，特定情况下可以召集并主持股东会；（4）表决权：参加股东会并根据股份比例或约定行使表决权；（5）撤销权：请求撤销或确认股东会决议、董事会决议无效；（6）选举权：股东有权选举和被选举为董事会成员、监事会成员；（7）股东代表诉讼权：公司利益受到损害，公司怠于追究，股东代表公司向法院提起诉讼；（8）优先权：在公司新增资本或发行新股时在同等条件下有认缴优先权，有限公司股东还享有对其他股东转让股权的优先受让权；（9）解散公司请求权：发生《公司法》规定的情形，请求人民法院解散公司。

在一些家事纠纷中涉及股权（股权收益）、企业出资额（出资收益），往往引发激烈的争夺，甚至久拖不决，本章探讨以下问题：股权及股权收益是否属于夫妻共同财产；夫妻一方擅自转让股权的救济；股权在离婚中的处理，包括一般处理原则和不同类型股权的离婚分割；股权代持的风险

和防范；股权继承中的问题，最后本章将提出关于股权与家事交融的七条法商建议。

第一节　股权及收益是否属于夫妻共同财产

在对股权及其收益进行分割或处理时，我们先要定性，判断在各种情况下股权（股权中的财产性权利）和股权收益是夫妻共同财产还是个人财产。

一、婚前一方取得的股权，是其个人财产

根据《民法典》第一千零六十三条第一项，一方的婚前财产，是其个人财产，股权也是如此。如何判断"取得"股权的时间节点，这个问题比较复杂。有限责任公司的股东通常以在工商登记为公司股东之日为准。若股东能证明自己的实际出资早于该日期，比如其将货币出资足额存入有限责任公司在银行开设的账户，以非货币财产出资的，办妥财产权转移至公司的手续，则以股东实际出资之日为取得股权之日。对于合伙企业的合伙人、个人独资企业的经营者，也采取上述判断标准。对于股份有限公司，发起人和记名股东取得股权的标志以工商登记为准、不记名股东取得股权的标志是购买股票的日期。证明股权、企业出资额属于婚前财产，应该由股东、合伙人这方举证。

二、婚后取得的股权，股权登记在一方名下，夫妻双方如无特别约定，股权价值和收益属于夫妻共同财产，股权转让款属于夫妻共同财产

股权同时具有物权（基于股权占有、使用、处分）、债权（基于股权转

让、利润分配请求权）和社员权（投票、管理、决策）的特征。且股权行使、利用、赋予的权利都受到公司章程的规范，股东身份权应当仅由持股一方单独行使，股权所对应的财产价值才属于夫妻共同财产。根据《最高人民法院关于适用〈中华人民共和国民法典〉婚姻家庭编的解释（一）》第七十三条规定："人民法院审理离婚案件，涉及分割夫妻共同财产中以一方名义在有限责任公司的出资额，另一方不是该公司股东的，按以下情形分别处理：……"此处，是"出资额"，而非"股权"。

三、夫妻双方对股权有特别约定的

如果男女双方有特别约定，股权（或股权收益）、出资额属于夫妻共同财产，这种约定在男女双方之间有效，但不能对抗善意第三人。比如说大强是甲公司的股东，大强和妻子小丽签订协议，约定未经过小丽同意，大强不能转让甲公司的股权。后来大强擅自将甲公司股权转让给吴某，小丽不能以未经自己同意主张转让无效。但如果小丽能证明吴某知道大强小丽之间的特别约定，或者转让价格明显低于市场价的，小丽可以主张转让无效。

如果男女双方约定股权属于非工商登记的一方，比如说大强是甲公司的股东，大强和妻子小丽签订协议，约定大强名下的股权属于小丽，是小丽的个人财产，这种约定无效，因为股权、企业经营权有人身性质。

四、两夫妻都是登记在册的股东，登记在册的股权比例是否为双方所占份额

大强和小丽都是甲公司的股东，大强拥有30%的股权，小丽拥有50%的股权，那么大强和小丽各自拥有的股权是按照工商登记的比例，还是各有80%股权的一半即40%。这个问题没有明文规定，主流观点和大多数判例认为，夫妻享有两人持股总和的50%，因为工商登记是出于行政管理的需要，只是一种形式，并非夫妻对股权份额的特别约定。而且，只有一方是

工商登记的股东的情况下，另一方依法也享有50%的股权收益。

但是要注意，如果婚内夫妻持股份额发生变化，或者夫妻签署了工商局（市场监督管理局）要求提供的财产分割证明，则法院可能会认定为夫妻对股权份额进行了特别约定。比如说，大强和小丽对甲公司的持股变更为大强占35%，小丽占45%，那么就视为大强和小丽对股权份额做了特别约定，并且已经履行（已经变更登记）。

五、间接持股

婚姻存续期间大强持有甲公司股份，甲公司又入股乙公司，大强的妻子小丽可享有乙公司股权权益吗？这种情况暂时没有明文规定，有判例认为，小丽不享有乙公司股权权益。因为甲公司系独立法人，甲公司持有的乙公司的股份，属于甲公司的财产，并不属于甲公司股东的财产，所以甲公司股东的配偶也无权要求分割。

六、股权收益是否属于夫妻共同财产

夫妻共有的股权，股权收益当然也属于共有财产。此处讨论的情况是，夫妻一方在婚前取得的股权，或者婚后取得的个人股权（比如出资完全来源于婚前个人财产，接受单独赠与的股权），股权收益是否属于夫妻共同财产？《最高人民法院关于适用〈中华人民共和国民法典〉婚姻家庭编的解释（一）》第二十六条规定"夫妻一方个人财产在婚后产生的收益，除孳息和自然增值外，应认定为夫妻共同财产"，判断婚前个人财产的婚后收益，是否属于夫妻共同财产，应当考虑：1.一方或双方有无共同经营管理该财产；2.配偶对该项财产的增值和收益有无直接贡献或间接贡献。大部分判例确认婚后股权收益属于夫妻共同财产。有判决指出，一方经营公司，其配偶（大多数是女方）生儿育女操持家务也是贡献，从家庭的整体分工来看确实如此，也体现公平。如果是婚前持有上市公司股票，婚后一直没有买进卖

出，此种情况的增值应该是自然增值，不属于夫妻共同财产。在个别案例中，股东一方证明自己纯属挂名，没有参与经营，资金也来源于第三人（相当于代持），法院则没有支持其配偶分割股权收益的诉求。

第二节　夫妻一方擅自转让共有股权的处理

法律并没有规定持股一方将股权（股份）转让给第三人要经过配偶的同意。但是《民法典》第一千零六十二条第二款规定"夫妻对共同财产，有平等的处理权"，股权往往是价值较大的重要财产，不在夫妻日常家事代理的范围之内。如果一方的股权在婚后取得，属于夫妻共有财产，该方未经配偶同意，将股权转让给第三人，配偶能否主张该转让无效？这取决于第三人（受让方）是否构成善意取得。

最高人民法院第二巡回法庭2020年第3次法官会议纪要指出：在婚姻关系存续期间，以夫妻共同财产出资取得但登记在夫或者妻一方名下的有限责任公司股权，仅得由登记方行使，而非夫妻共同共有，该股权的各项具体权能应由股东本人独立行使，股东有权单独处分该股权。如无恶意串通损害另一方利益等导致合同无效的情形，登记为股东的一方应按合同约定履行股权转让义务，但根据原《婚姻法》及其司法解释的相关规定，因转让该股权而取得的收益属于夫妻共同财产。

一、若受让方构成善意取得

1.受让方主观上不知转让方擅自处分夫妻共有股权，其信赖工商登记的股权情况；2.受让方已实际支付合理对价给转让方；3.已办理工商变更登记，股权已经登记在受让方名下，以上三个条件必须同时具备，则受让方构成善意取得，配偶不得以自己不知情或不同意为由，主张股权转让无效。

在这种情况下，非股东配偶无法追回股权，但股权转让款属于夫妻共有，鉴于转让方擅自处分共有财产，非股东配偶可以提起婚内分割财产的诉讼，也可以在离婚诉讼中追索，要求转让方支付股权转让款的50%。

二、若股权转让不符合或者尚未满足上述善意取得的三个条件，如何处理，法律暂时没有明文规定

对于非股东配偶主张股权转让无效，有些案例法院不支持，理由是涉及受让方、公司和其他股东的利益；有些案例，法院虽然确认转让无效，但不支持要求恢复原状即股权重新登记回原股东（转让方）名下，理由是原告并非股东；还有个别案例，支持股权登记到原告名下。无论股权转让是否有效，如果股东一方擅自处分股权转让款，侵犯了非股东配偶的利益，非股东配偶在离婚案件、婚内析产案件中可以要求自己多分财产。

三、如何判断第三人是否善意，从以下几个方面综合判断

1.出让方与受让方是否认识，关系是否密切，如一方的亲属、同学、朋友，或应当知道男女双方夫妻感情状态；2.受让方在进行股权转让协议的签订、履行过程中，夫妻之间的关系是否处于恶化，从而间接判断出让方在转让时主观上是否有转移、隐匿财产的可能；3.受让方是否就该股权转让向出让方支付合理对价，不低于市场价或评估价的70%；4.股权转让合同是否已履行并办理了相关的工商变更登记手续；5.股权转让后，是否不合理地迅速再转让。①

---

① 参见贾明军、蓝艳律师：《苦心经营终换千万家财，丈夫背叛糊涂妻难维权》，载白玉兰爱股权微信公众号2018年6月25日，最后访问日期：2023年6月2日。

四、非股东配偶如何预防股东一方擅自转让股权

1.非股东配偶成为公司的实名股东，或参与公司的经营管理，及时掌握公司的动态和各方面情况。但这必须经过股东一方和其他股东的同意，且其必须有充分的时间精力和相关经验，才有可能真正"插手"公司。在公司实际运作中，如果其他股东联手排挤，新股东或小股东有时会被架空。

2.签订夫妻书面协议，明确约定违约责任，如果股东一方擅自转让股权，或擅自处分股权转让款，必须支付给非股东配偶高额违约金，或（且）承担其他财产责任，通过这种方式有效制约股东一方的行为。即使无法追索回股权，也能让股东一方承担违约责任。

第三节　离婚股权的分割

一、离婚股权的三种分割方式

（一）作价补偿：股东一方将相当于股权价值的50%（或按照法院认定的份额比例或双方协商的份额比例）的款项支付给非股东一方，非股东一方放弃分割股权。这种方式的优势在于不会改变公司的股权情况、不会影响公司经营的稳定。

（二）分割价款：股东一方将股权转让给其他股东或者第三人，夫妻双方分割转让款，或将股权拍卖后分割拍卖款。通常双方都不主张股权，或者股东一方无力支付补偿款，才会采取这种方式。

（三）实物分割：非股东一方成为股东，按照法院认定的份额比例或双方协商的份额比例持股。

注意，曾有案例，非股东一方希望成为股东，股东一方不同意，又不

愿意折价补偿，但公司其他股东表示同意非股东一方成为股东，法院判决非股东一方成为股东。

二、如何确定股权实际价值，有三种方式，层层递进

（一）若双方协商一致，如果双方对股权价值能协商一致，法院通常会按照双方均认可的该金额来确定股权价值。

（二）若双方无法协商一致，双方共同委托专业机构进行评估，或者法院摇珠确定专业机构进行评估，按照股权的评估价值来确定股东一方支付给非股东一方的补偿数额。

（三）若股权价值无法评估：若企业财务管理混乱、会计账册不全以及经营者拒不提供财务信息，股权价值无法评估，法院通常采取以下方式处理。1.直接分割股权（相当于实物分割）；2.依据该企业在行政主管机关备案的财务资料对财产价值进行认定；3.参照当地同行业中经营规模和收入水平相近企业的营业收入或者利润来核定其价值。注意，曾有离婚案例，非股东一方获得"有权分割股东一方在婚姻存续期间取得的股权收益的百分之五十"的胜诉判决，但因为没有具体金额，无法执行。有鉴于此，如果双方无法协商一致，建议非股东一方及时申请对股权价值或股权收益进行评估，确定补偿价款金额，以免重走司法程序。

三、不同类型的股权在离婚中的分割

（一）有限责任公司股东仅为夫妻二人：1.双方均主张股权的，可按比例分割股权；2.夫妻一方主张股权，另一方主张补偿款的，可作价补偿；3.双方均要求补偿款的，可对公司股权进行拍卖、变卖，或对公司进行解散清算，分割剩余价款。

（二）有限责任公司股东为夫妻中一人及其他人：根据《最高人民法院

关于适用〈中华人民共和国民法典〉婚姻家庭编的解释（一）》第七十三条：1.双方均主张股权，通常判决归股东一方所有，给非股东一方相应补偿款；2.股东一方主张股权，非股东一方主张补偿款的，可作价补偿；3.双方协商一致，股东一方将股权转让给非股东一方：（1）经其他股东过半数同意且放弃优先购买权的，非股东一方取得股权；（2）过半数股东不同意转让，但愿意以同等价格购买该出资额的，法院可对转让款进行分割；（3）过半数股东不同意转让，也不愿意以同等价格购买该股权，视为其同意转让，该股东的配偶可以成为该公司股东。

（三）一人独资公司：根据《最高人民法院关于适用〈中华人民共和国民法典〉婚姻家庭编的解释（一）》第七十五条：1.一方主张经营该企业的，对企业资产进行评估后，由取得企业一方给予另一方相应的补偿；2.双方均主张经营该企业的，在双方竞价基础上，由取得企业的一方给予另一方相应的补偿；3.双方均不愿意经营该企业的，办理解散、清算。

（四）个体工商户：暂未有规定，参照一人独资公司的分割方式。

（五）合伙企业：根据《最高人民法院关于适用〈中华人民共和国民法典〉婚姻家庭编的解释（一）》第七十四条，一方是合伙人，另一方不是合伙人，当夫妻双方协商一致，将一方在合伙企业中的财产份额全部或者部分转让给对方时，按以下情形分别处理：1.其他合伙人一致同意的，该配偶依法取得合伙人地位；2.其他合伙人不同意转让，在同等条件下行使优先购买权的，可以对转让所得的财产进行分割；3.其他合伙人不同意转让，也不行使优先购买权，但同意该合伙人退伙或者退还部分财产份额的，可以对退还的财产进行分割；4.其他合伙人既不同意转让，也不行使优先购买权，又不同意该合伙人退伙或者退还部分财产份额的，视为全体合伙人同意转让，该配偶依法取得合伙人地位。

（六）股份有限公司：因股份有限公司的股权可以自由转让，无须其他股东的同意，故在离婚分割中没有特别的规定。因不涉及第三人，可参照第一点"有限责任公司股东仅为夫妻二人"处理。但是，在特定情况下或特定期限内，法律或公司章程禁止转让股份有限公司股份，比如《公司法》第一百四十一条的规定，股东一方对非股东一方只能采取折价补偿。[①]

四、在离婚诉讼中，一方主张分割对方名下的股权或股权收益，有些情况下法院对此不予处理

1.无法确定股权价值：（1）股权一方提出自己并未实际出资，双方就股权一方的实际出资、股份的现价值等相关情况均未提供相关证据证明；（2）当事人双方均不提出公司股权价值评估。2.股权涉及公司其他股东的利益，但其他股东无法参与到离婚诉讼或只能以第三人身份参与离婚诉讼，不能充分表达与行使股东的各项权利，或原告未能按照法院要求提供公司其他股东的意见。3.不支持非股东一方成为股东：法院认为双方无法协商一致，应判非持股方取得股权折价款，但是原告坚持要求分割股份，法院不予分割。

由此可见，非股权一方在离婚诉讼中要求分割股权或股权收益仍存在相当的难度和障碍，但非股权一方应尽力维护自己的权益：1.在起诉之前，要多收集对方公司的资料，比如公司内档、上市公司的公告。2.在分割方式上尽量灵活多样，既能接受实物分割，又能接受作价补偿。3.申请评估，在双方无法对股权价值达成一致时，应及时申请评估并缴纳评估费用。4.主张法院合理分配举证责任，要求对方提供股权价值的资料，包括公司实际出资情况、经营情况及资产情况等。5.另行起诉，若在离婚诉讼中未能分割股

---

① 附:《公司法》第一百四十一条 发起人持有的本公司股份，自公司成立之日起一年内不得转让。公司公开发行股份前已发行的股份，自公司股票在证券交易所上市交易之日起一年内不得转让。

公司董事、监事、高级管理人员应当向公司申报所持有的本公司的股份及其变动情况，在任职期间每年转让的股份不得超过其所持有本公司股份总数的百分之二十五；所持本公司股份自公司股票上市交易之日起一年内不得转让。上述人员离职后半年内，不得转让其所持有的本公司股份。公司章程可以对公司董事、监事、高级管理人员转让其所持有的本公司股份作出其他限制性规定。

权或股权收益，在离婚之后及时另行提起诉讼。

第四节　股权的代持

股权代持，是指公司的实际出资人委托他人代为持有股权，成为工商登记的股东即名义股东。股权代持并不少见，出于各种原因，有的人基于职业或社会身份不方便成为股东，有的人规避婚姻风险、债务风险，等等。2011年颁布的《最高人民法院关于适用〈中华人民共和国公司法〉若干问题的规定（三）》第二十五条确认了股权代持的合法性，若实际出资人与名义股东因投资权益的归属发生争议，实际出资人以其实际履行了出资义务为由向名义股东主张权利的，人民法院应予支持。名义股东以公司股东名册记载、公司登记机关登记为由否认实际出资人权利的，人民法院不予支持。

一、股权代持协议的效力

第一，有合同无效情形之一的，则股权代持协议无效；

第二，股权代持协议违反部门规章或其他非强制性的法律规定也可能无效；

第三，危及金融安全与公共利益的股权代持协议很可能无效；

第四，上市公司不允许股权代持，拟上市公司须提前加强对股权代持关系进行清理与规范；

第五，公务员作为隐名股东，股权代持协议并不因此而无效，股权转让合同也不因此无效，但该公务员身份的隐名股东不能变更为显名股东。

至于隐名股东能否对公司主张分红，暂时没有相关规定，有个案支持的，但必须证明存在股权代持关系，且公司曾对隐名股东分红。

二、股权代持的确认

第一，实际出资，实际出资人通过名义股东向公司投入资金，且该笔资金已计入公司注册资本。

第二，有代持合意，通常需要书面合同，如果只有口头协议，实际出资人要有充分证据证明双方形成代持的合意和事实。

三、股东资格的确认

股东资格的确认，不仅涉及隐名股东和显名股东之间的关系，还涉及隐名股东和公司之间的关系，隐名股东和其他股东之间的关系。首先要确认代持关系，即实际出资加上代持合意，这是前提。但因为合同具有相对性，代持本身并不能约束公司和其他股东。如果实际出资人想成为显名股东，即请求公司变更股东、签发出资证明书、记载于股东名册、记载于公司章程并办理公司登记机关登记的，根据《最高人民法院关于适用〈中华人民共和国公司法〉若干问题的规定（三）》第二十五条，必须经过公司其他股东半数以上同意。

四、涉及第三人

最常见的比如名义股东的债权人申请强制执行股权，在这种情况下，通常隐名股东不享有排除强制执行的权利，法院秉持"商事外观主义"原则，优先保护善意第三人因信赖公司登记而做出的行为效力。

五、显名股东擅自转让股权的处理

第一，受让人构成善意取得的（三个条件请看"夫妻一方擅自转让共有股权的处理"那一节）：隐名股东只能要求擅自转让方即显名股东返还转让款、赔偿损失。

第二，不构成善意取得的：若隐名股东能证明受让人主观上为恶意，明知显名股东不是真正的股东，仍与其进行交易，可起诉要求法院确认股权转让无效，恢复原状。

六、股权代持的风险

和房产代持一样，股权代持的风险很大，毕竟股权没有登记在实际出资人名下，实际出资人作为隐名股东，处于被动的地位，公司的工商登记对外有公示公信的效力，要保护第三人的信赖利益。而且隐名股东还要面对显名股东的信用风险、债务风险、婚姻风险和身故风险。

第一，显名股东主张自己是真正的股东，拒绝执行隐名股东关于经营公司的指示，拒绝配合隐名股东的显名要求。

第二，显名股东或者其配偶要离婚，配偶主张分割股权及股权收益（此外，在两种特定情形下，婚内也可以要求分割）。

第三，显名股东死亡，其继承人主张分割股权或要求获得相应的补偿款。

第四，显名股东擅自处分股权——将股权转让给第三人，或在股权上设置质押。

第五，显名股东涉及诉讼，股权被法院查封、强制执行等。

第六，实际出资人（隐名股东）可能无法成为显名股东。若无法获得公司过半数股东同意，就无法名正言顺地行使股东权利。

第七，对于显名股东的风险：若实际出资人出资不到位，可能会被公司债权人或其他股东追索，要求显名股东补足所认缴的出资，甚至承担违约责任。

七、如何防范股权代持的风险

第一，股权代持不要违反法律、行政法规的强制性、禁止性规定，不能损害金融安全和公共利益。

第二，谨慎选择代持的人，代持的人必须与自己关系密切，最好是有血缘的近亲属，并且代持人的人品、诚信、身体状况、财务状况、婚姻状况都良好。

第三，隐名股东保存好全部相关证据，包括出资的全部证据，如银行转账凭证，不要采取现金形式，保存好代持股协议、出资证明、验资证明等，隐名股东与显名股东，与公司，与其他股东等人沟通的书面记录。

第四，签订代持协议：隐名股东和显名股东签订书面的出资协议，明确约定出资情况和股权归属，表明代持合意；约定代持人（显名股东）的违约责任，重点设计违约条款，增加违约方的成本；明确约定股东权利行使的方式，显名股东必须按照隐名股东的意愿行使股东权利等，这样可以有效保障实际出资人对公司的控制权；明确约定显名股东将分红转给隐名股东的方式、期限等。

代持协议应约定代持股权的衍生利益也应归属于隐名股东，包括分红、资本公积转增注册资本，还包括因为架构变化带来的其他公司股份。

第五，公证。对代持协议进行公证，证明代持协议是隐名股东和显名股东的真实意思表示，证明代持协议的签订时间，并非为达到某种目的而后补。

第六，排除代持人的财产权。最好让代持人的配偶、子女、父母出具声明书，写明其知悉代持的事实，确认股权及收益为实际出资人（隐名股东）所有，确认其在任何情况下无权主张任何权利。

第七，隐名股东在股权设立抵押或质押。为更加稳妥起见，有些隐名股东会让显名股东写一张欠条，金额与出资款相当，并将股权作为借款的质押，在相关部门办理登记；万一法院执行或者股权被分割，隐名股东也可以质押权人的身份，获得优先权。

第八，隐名股东保存好自己和显名股东沟通的证据，保存好自己参与公司管理的证据；对于每一次行使股东权利，如召开股东大会、分红、决议等事项，隐名股东应保留好书面证据。

第九，在公司章程中加入股东婚姻关系变动（结婚、离婚）及发生继承时的股权处理条款。

第十，隐名股东和公司及其他股东签订协议，或者由公司、其他股东在代持协议上书面签字认可，确认代持的效力，并承诺隐名股东提出显名要求时，配合办理变更登记手续。

这样如果显名股东将股权出让给公司其他股东，隐名股东可以主张其他股东知情而恶意受让，故转让无效。

第十一，境内上市前清理代持。虽然股权代持通常具有法律效力，但由于境内上市或重大资产重组中均要求拟上市公司或所涉资产股权明晰，因此代持安排需要在上市或收购前清理和解除，并做出充分信息披露。建议在股改时即清理代持安排，由被代持人即实际出资人直接参与发起设立股份公司。

第十二，隐名股东应随时了解公司的经营状况，显名股东的资产、债权、债务情况，一旦出现异常情况，如显名股东被起诉，其代持的股权被查封或被执行，隐名股东应尽快提起异议，同时起诉要求确认股权属于自己。

第十三，在政策允许或客观条件具备的情况下，隐名股东尽快将股权变更登记到自己名下。双方应签署书面的代持解除协议，并进行公证。

第五节　股权的继承

《民法典》第一千一百二十二条规定遗产是自然人死亡时遗留的个人合法财产。依照法律规定或者根据其性质不得继承的遗产，不得继承。《公司法》第七十五条规定自然人股东死亡后，其合法继承人可以继承股东资格；但是，公司章程另有规定的除外。可见，股权是可以继承的。

一、有限责任公司股权继承的途径

有限责任公司既是资合，又是人合，以下的股权继承是指有限责任公司。股份有限公司只是资合，股权是当然继承。

（一）继承人持继承权公证文书、继承人协议公证书（协商一致情况下）或生效判决书、调解书（有争议情况下）为依据，公司和其他股东配合办理股权工商变更登记手续。

（二）公司章程中有限制性规定的，继承人不能成为股东的；或者公司其他股东不同意、不希望继承人成为新股东，或继承人不愿意、没能力成为股东的：

1.转让。继承人与其他股东协商一致的，可由某股东（不须其他股东同意）或第三人（其他股东过半数同意，若其他股东既不同意转让，又不购买的，视为同意转让）收购去世股东的股权，继承人之间分割转让款。在股权继承的情况下，其他股东不享有优先购买权，除非公司章程有明确规定或全体股东事先有明确约定。《最高人民法院关于适用〈中华人民共和国公司法〉若干问题的规定（四）》第十六条有限责任公司的自然人股东因继承发生变化时，其他股东主张依据公司法第七十一条第三款规定行使优先购买权的，人民法院不予支持，但公司章程另有规定或者全体股东另有约定的除外。

2.公司回购。若公司章程有规定，或者符合《公司法》第七十四条关于回购的情形，继承人可以要求公司回购。

3.公司清算。若公司出现了《公司法》第一百八十条规定的解散事由，则公司进入解散清算阶段，继承人继承原股东享有的相应利益。根据《公司法》第一百八十六条第二款，公司财产在分别支付清算费用、职工的工资、社会保险费用和法定补偿金，缴纳所欠税款，清偿公司债务后的剩余财产，有限责任公司按照股东的出资比例分配，股份有限公司按照股东持有的股份比例分配。

如果其他股东和继承人无法协商一致，或者股东之间存在分歧，只能通过诉讼由司法机关处理。不过鉴于有限责任公司的人合性，强行让继承人变为股东，有害无利。采取其他股东收购、第三人收购或公司回购去世股东的股权，继承人分割价款的方式，便于操作，也有利于公司的经营发展。

二、有限责任公司章程的特殊限制

公司章程可禁止继承人成为公司股东，或者设置前提条件比如须经其他股东全体同意。但是，在某次继承事件发生后（股东死亡时），公司才修改章程，作出相关规定的，则对此前已经去世的股东的继承人不具有约束力。

三、多个继承人共同继承股权

法律上并未禁止多个继承人共同继承股权，公司也不能以此为由拒绝。但不能违反《公司法》第二十四条关于有限责任公司股东人数不得超过五十人的规定。如果发生该情形，数名继承人应当协商解决，部分人取得补偿款，放弃继承股东资格，或者推选代表成为股东，行使股东权利。

四、未成年人、行为能力缺陷者继承股权

未成年人、无民事行为能力人、限制民事行为能力人可以通过继承成为股东，由法定代理人代为行使股东权利。从《公司法》的规定看，《公司法》对于股份继承的规定并不以继承人的行为能力作为特殊要求，未成年人通过继承股份取得股东资格应不存在法律障碍。未成年人取得股份后，由监护人按照有利于未成年人的原则代理行使股东权利。

五、特定身份的人不能继承股权

具有特定身份的人，如公务员、现役军人等，按照规定不得从事营利

性活动，故不能继承股权成为股东。

六、某些行业，股东需要特殊资质

根据法律和政策的规定，某些行业的股东必须具备特定资质。继承人不具备相关资质的，则不能继承股权。若存在上述第四点、第五点、第六点情形，可以在继承人之间达成协议，不宜或不能继承股权的人放弃继承，其他继承人向其支付补偿款，或将其对应的股权份额转让给其他股东、第三人，或者公司回购该部分股权，其取得转让款。

第六节　关于股权家事的七条法商建议

第一，进行适当的婚前筹划：若希望避免发生婚后共有，可以在结婚登记前进行财产筹划，办理股权变更、股权代持、股权信托持有等。

第二，夫妻或恋人之间签订书面协议，对股权的所有权、收益分配、离婚分割等做出详细约定。

第三，尽量避免夫妻都成为股东。否则一方经营公司所产生的债务，将全部变成夫妻共同债务、家庭债务。家庭和企业之间的风险防火墙被完全打破。

第四，非股东一方应关注公司经营情况，掌握一定书面材料和信息，在离婚分割中才能不至于太被动。

第五，股东订立合法有效的遗嘱，对股权继承作出安排，指定合适的继承人。

第六，购买股东互保险，股东互保保险是股东之间以一方身故为给付条件的人寿保险，保险赔偿金只能用于购买身故股东持有的公司股权，受益人主要为股东亲属或其他股东。目前国内尚未普及，部分外资保险公司有此类保险[1]。

第七，公司章程作出个性化设计，或全体股东签订书面协议作特别规定，写明：股东离婚，配偶不能取得股权；股东去世，继承人不得继承股东资格，或者须经其他股东全体同意才能继承，或其他股东有权以某个特定价格购买；对股权继承设置一定期限，逾期无权继承；对股权继承人行使股权作出特定限制；规定股权继承的程序，规定收购去世股东股权的程序等。

---

[1]　桂芳芳、孔菲：《股东死亡，公司股权怎么办》，载佳和家事微信公众号 2017 年 9 月 4 日，最后访问日期：2023 年 6 月 2 日。

第七章

知识产权与婚姻、继承

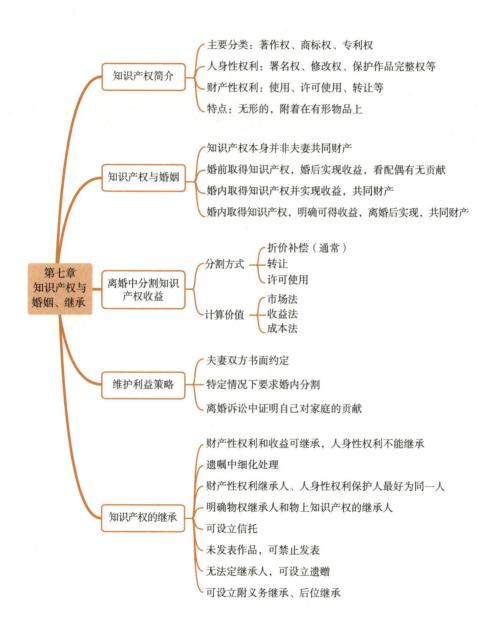

第七章
知识产权与
婚姻、继承

知识产权简介
- 主要分类：著作权、商标权、专利权
- 人身性权利：署名权、修改权、保护作品完整权等
- 财产性权利：使用、许可使用、转让等
- 特点：无形的，附着在有形物品上

知识产权与婚姻
- 知识产权本身并非夫妻共同财产
- 婚前取得知识产权，婚后实现收益，看配偶有无贡献
- 婚内取得知识产权并实现收益，共同财产
- 婚内取得知识产权，明确可得收益，离婚后实现，共同财产

离婚中分割知识产权收益
- 分割方式
  - 折价补偿（通常）
  - 转让
  - 许可使用
- 计算价值
  - 市场法
  - 收益法
  - 成本法

维护利益策略
- 夫妻双方书面约定
- 特定情况下要求婚内分割
- 离婚诉讼中证明自己对家庭的贡献

知识产权的继承
- 财产性权利和收益可继承，人身性权利不能继承
- 遗嘱中细化处理
- 财产性权利继承人、人身性权利保护人最好为同一人
- 明确物权继承人和物上知识产权的继承人
- 可设立信托
- 未发表作品，可禁止发表
- 无法定继承人，可设立遗赠
- 可设立附义务继承、后位继承

第一节　知识产权的概述

知识产权主要包括著作权、商标权和专利权这三大类。知识产权是人类智慧的结晶，蕴含大量财富。我们来看看著作权、商标权和专利权的定义以及包括什么内容。

著作权是作者对作品享有的权利，无论作品是否发表。根据著作权法第三条，作品，是指文学、艺术和科学领域内具有独创性并能以一定形式表现的智力成果，包括：文字作品；口述作品；音乐、戏剧、曲艺、舞蹈、杂技艺术作品；美术、建筑作品；摄影作品；视听作品；工程设计图、产品设计图、地图、示意图等图形作品和模型作品；计算机软件及符合作品特征的其他智力成果。著作权的内容（权能）非常丰富，有十几种之多，包括发表权、署名权、修改权、保护作品完整权、复制权、发行权、展览权、表演权、放映权、广播权、信息网络传播权、摄制权、改编权、翻译权、汇编权以及应当由著作权人享有的其他权利。

商标是指任何能够将自然人、法人或者其他组织的商品与他人的商品区别开的标志，包括文字、图形、字母、数字、三维标志、颜色组合和声音等，以及上述要素的组合。经商标局核准注册的商标为注册商标，包括商品商标、服务商标和集体商标、证明商标，本文讨论的是商品商标和服务商标。商标注册人享有商标专用权，受法律保护。商标专用权包括：使用注册商标（在商品上标明"注册商标"或者注册标记）、转让注册商标、许可他人使用其注册商标、追究侵犯商标专用权的行为。

专利包括发明、实用新型和外观设计。发明，是指对产品、方法或者其改进所提出的新的技术方案。实用新型，是指对产品的形状、构造或者其结合所提出的适于实用的新的技术方案。外观设计，是指对产品的整体或者局部的形状、图案或者其结合以及色彩与形状、图案的结合所作出的富有美感并适于工业应用的新设计。专利权人有权实施其专利（即为生产经营目的制造、使用、许诺销售、销售、进口其专利产品，或者使用其专利方法以及使用、许诺销售、销售、进口依照该专利方法直接获得的产品）、转让专利申请权和专利权；许可他人实施专利；追究侵犯专利权的行为等。

知识产权是一种非常特殊的权利，它并非财产本身，但它可以带来收益。

第一，知识产权的权利包括人身性权利（如署名权、修改权、保护作品完整权）和财产性权利（运用和开发知识产权去实现经济利益，如转让知识产权、授权许可他人使用知识产权）。人身性权利和财产性权利是结合在一起的，人身性权利是财产性权利的基础，知识产权的权利属于著作权人、商标注册人、专利权人。人身性的权利，往往不可转让，财产性的权利，则可以转让给他人，可以授权他人使用。著作权的人身属性最强，因为作品的思想性艺术性强，与作者个人的才华和特质密不可分；专利权次之，专利产品离不开发明者、设计者的聪明才干，但专利产品偏向于科学性技术性；商标权的人身性最弱，因为商标是用于商品和服务的，更加商业化。

第二，知识产权是无形的，但其往往附着在有形的物品上，比如著作权体现在书籍、影碟、照片等载体上，专利权体现在专利产品上，商标权体现在使用该商标的产品上，但这些物品本身不是知识产权。知识产权是一种无形的权利，它要么是自创作完成之日产生的，比如著作权，当作品创作完成后，作者就自动享有著作权。它要么必须经过相关部门的登记或审查，比如注册商标权和专利权。而它本身是看不见、摸不着的。

第二节　婚姻中涉知识产权问题的认定

随着社会的发展和科技的进步，知识产权遍地开花，知识产权是个人和家庭的财富。如果夫妻一方或者双方拥有知识产权，其本身及收益是属于夫妻共同财产还是个人财产，在不同情况下如何界定，离婚时如何分割，值得好好探讨。

第一，首先判断知识产权是属于个人所有还是法人、非法人组织所有。

（一）自然人为完成法人（或者非法人组织）工作任务所创作的作品是职务作品，职务作品的著作权归属有两种。

1.著作权通常由作者享有，但法人或者非法人组织有权在其业务范围内优先使用。作品完成两年内，未经单位同意，作者不得许可第三人以与单位使用的相同方式使用该作品。

2.有下列情形之一的职务作品，作者享有署名权，著作权的其他权利由法人或者非法人组织享有，法人或者非法人组织可以给予作者奖励。

（1）主要是利用法人或者非法人组织的物质技术条件创作，并由法人或者非法人组织承担责任的工程设计图、产品设计图、地图、示意图、计算机软件等职务作品；

（2）报社、期刊社、通讯社、广播电台、电视台的工作人员创作的职务作品；

（3）法律、行政法规规定或者合同约定著作权由法人或者非法人组织享有的职务作品。

（二）职务发明创造的专利申请权和专利权属于单位，非职务发明创造的专利申请权和专利权属于个人。

执行本单位的任务或者主要是利用本单位的物质技术条件所完成的发明创造为职务发明创造。职务发明创造申请专利的权利属于该单位，申请被批准后，该单位为专利权人。非职务发明创造，申请专利的权利属于发明人或者设计人；申请被批准后，该发明人或者设计人为专利权人。利用本单位的物质技术条件所完成的发明创造，单位与发明人或者设计人订有合同，对申请专利的权利和专利权的归属作出约定的，按照约定执行。

第二，知识产权本身不属于夫妻共同财产的范畴，知识产权收益才属于夫妻共同财产的范畴。

《民法典》第一千零六十二条明确规定，"夫妻在婚姻关系存续期间所得的下列财产，为夫妻的共同财产，归夫妻共同所有：……（三）知识产权的收益……"请特别注意，此处是"知识产权的收益"，而非"知识产权"。知识产权的权利和收益，是两个不同的概念。权利是指能做什么，收益是权利人获得的经济利益。我们讨论的是知识产权的收益是否属于夫妻共同财产，而知识产权的权利本身，并不属于夫妻共同财产。因为知识产权往往有一定的人身性质。而且，如果知识产权的权利本身属于夫妻共同财产，那么运用知识产权就必须经过夫妻二人的同意，这样会极大妨碍知识产权的开发利用和价值创造，打击人们创新的积极性。

第三，当著作权人、商标注册人、专利权人是个人，其通过运用知识产权所取得的经济利益，是夫妻共同财产还是个人财产，以知识产权财产性收益明确的时间是否在婚内作为判断标准。

"知识产权财产性收益明确的时间在婚前的，即使收益实际取得在婚后，该收益仍为个人婚前财产。知识产权财产性收益明确的时间在婚姻关系存续期间的，则无论收益的实际取得是在婚姻关系存续期间还是在离婚之后，该收益均为夫妻共同所有。知识产权财产性收益明确的时间在离婚后的，该收益为个人财产。"[1]

（一）结婚前取得的知识产权，结婚后产生收益，原则上属于婚前一方的个人财产。若配偶对取得该收益有贡献的，分割时可适当补偿。

---

[1] 《最高人民法院民法典婚姻家庭编司法解释（一）理解与适用》，人民法院出版社2021年版，第235页。

"婚前完成，婚内取得收益的。就这部分收益普遍认为原则上应将其认定为取得一方的个人财产。但是还需要结合实际情况考虑，比如虽然是一方婚前完成的，但在婚姻关系建立后为取得该部分收益需要另一方配合或付出较大的努力，那么在就这部分财产进行分割时亦应对此予以考虑。"[1]

（二）婚姻关系存续期间取得的知识产权的收益属于夫妻共同财产。

根据《民法典》第一千零六十二条第一款第三项，婚后取得的知识产权在婚内所产生的收益，属于夫妻共同财产。《最高人民法院关于适用〈中华人民共和国民法典〉婚姻家庭编的解释（一）》第二十四条规定："民法典第一千零六十二条第一款第三项规定的'知识产权的收益'，是指婚姻关系存续期间，实际取得或者已经明确可以取得的财产性收益。"

（三）婚内取得的知识产权，离婚后才产生收益，属于夫妻共同财产。

婚内取得的知识产权，离婚后才产生收益，如果（前）配偶无权分割，那么很可能对其不公平，因为知识产权的形成是在婚姻存续期间，而配偶对家庭的贡献、背后默默的付出，却无法得到回报。这点还可能让拥有知识产权的一方在婚内故意消极不开发利用知识产权，损害配偶的利益。

如果一方只是拥有知识产权，还没有"实际已得"和"明确可得"的收益，其配偶仍然享有合理的"期待利益"。1993年颁布的《最高人民法院关于人民法院审理离婚案件处理财产分割问题的若干具体意见》第十五点"离婚时一方尚未取得经济利益的知识产权，归一方所有。在分割夫妻共同财产时，可根据具体情况，对另一方予以适当的照顾"。虽然该份意见已经废止，这条规定没有被写入《民法典》及《最高人民法院关于适用〈中华人民共和国民法典〉婚姻家庭编的解释（一）》，但这种"适当照顾"的处理方式，在个案中应予以考虑，法官将根据公平原则兼顾双方的利益进行处理，在分割夫妻共同财产时，结合具体情况，可对知识产权人的配偶给予适当的照顾。

---

[1] 《最高人民法院民法典婚姻家庭编司法解释（一）理解与适用》，人民法院出版社2021年版，第234页。

比如说大强是知名摄影师，拍摄了大量照片，有杂志刊登大强拍摄的两张照片，向大强支付了报酬1000元，这1000元属于大强已经实际取得的收益。如果某公司和大强签订了协议，约定将大强拍摄的五十张照片放到该公司开发的图片资源库供浏览和下载使用，期限为三年，该公司向大强每年支付使用费2万元。此处每年2万元的使用费，就是"明确可以取得的收益"，属于大强和妻子小丽的共同财产。如果此时大强和小丽离婚，小丽可以要求分割三年6万元使用费的一半即3万元。如果在离婚时，小丽还不清楚该收益（期待利益）的存在，或者双方没有对该期待利益进行约定，小丽没有书面表示放弃，那么在离婚之后，大强实际取得该利益了，小丽可以要求分割。

笔者认为，应分几种情形处理：如果双方约定婚后财产归各自所有，或离婚时知识产权人的配偶已经获得相应补偿，包括双方约定或法院处理的，或知识产权人的配偶已经书面明确放弃主张知识产权收益（包括未来可能的收益），那么对离婚后产生的知识产权收益，前配偶无权要求分割。如果并非上述三种情形之一，那么对婚内知识产权的离婚后收益，前配偶有权要求分割，至于比例多少，由法官根据个案的具体情况裁定。若离婚时知识产权尚未产生收益，可以考虑搁置处理，即离婚时先不处理知识产权的部分，留待日后双方协商或起诉。当然，搁置处理，可能会增加诉累，还可能让拥有知识产权的一方消极不开发利用知识产权或擅自处理、隐瞒收益。

第四，对于婚内知识产权收益，配偶能否主张婚内分割？

对于夫妻共同财产，通常只有离婚时才能分割，而在两种特殊情形下，可以要求婚内分割夫妻共同财产，根据《民法典》第一千零六十六条，一种情形是配偶严重损害夫妻共同财产，另一种情形是一方负有法定扶养义务的人患重大疾病需要医治，配偶不同意支付相关医疗费用。鉴于婚内知识产权收益也是夫妻共同财产，所以同样适用《民法典》第一千零六十六条，如果有这两种情形之一，可以要求分割知识产权收益。

第五，知识产权人对知识产权的处置行为，配偶能否干涉？

对此法律没有规定。鉴于知识产权的特殊性，如果一方主张配偶不合理低价转让、无偿转让、消极不利用知识产权等，损害了其经济利益，是否成立，需要根据个案的具体情况谨慎判断。夫妻一方单独处置其名下的知识产权，其配偶无权以未经其同意为由主张处置行为无效，但是，若处置行为明显不合理，严重影响知识产权收益时，配偶或可主张处置行为无效或撤销该处置行为。

第六，离婚时如何分割知识产权收益？

（一）分割方式：通常折价补偿，即知识产权人（所有权人或收益人）补偿一定款项给（前）配偶。若双方协商一致，且不存在损害第三人的权益，知识产权人可将知识产权的所有权转让给（前）配偶（知识产权中的人身权利不可转让），或许可（前）配偶采取某种方式使用知识产权。

（二）如何计算价值：对于知识产权价值的评估，可参考《知识产权资产评估指南》的指引，根据评估对象、价值类型、资料收集等情况来衡量"市场法""收益法"和"成本法"三种基本方法及其衍生方法的实用性，并选择对应的评估方法。例如，对尚处于研发期间的专利采用成本法，对进入工业化阶段的专利采用收益法；对一般的使用中的商标采用收益法，对于防御性商标采用成本法等。市场法的主要限制在于难以获得可比参数，且交易实际价格很少被当事人公开，但在评估知识产权许可使用权方面仍可发挥作用。即便使用合适的方法对知识产权进行评估，知识产权的价值高度依赖于科技变化或大众喜好，折价分割后也可能出现评估价值显著低于或高于后续实际价值的局面。对于该类价值差异，我们建议视为商业风险，不作二次分割，避免无休止的讼累[1]。

第七，如何在婚姻中维护知识产权收益。

（一）双方进行书面约定：因为知识产权的特殊性，包括无形性、有一

---

[1] 申正权、乐宇歆、沈乐乐：《才华未尽只能甘于放弃吗？——婚姻家事案件中的知识产权问题探讨（下篇）》，载金杜研究院微信公众号 2022 年 1 月 26 日，最后访问日期：2023 年 6 月 2 日。

定的人身属性、价值不确定，较难采取有效方法防范婚姻中的知识产权纠纷。比较具有可操作性的方法是进行书面约定。如在婚前或婚后约定知识产权属于个人财产，配偶无权要求对知识产权本身及其收益进行分割，或约定若离婚，如何对配偶进行补偿。约定尽量详细、明确，尤其要写明包括或者排除已经明确可得利益、未来可能得到的利益。

（二）特定情况下婚内起诉分割：如果发现对方有严重损害夫妻共同财产的行为，包括隐匿、转移财产，擅自将大额财产赠与他人等，而对方名下有知识产权收益，应及时要求婚内分割。对方无偿或以极低价格处置知识产权，应及时起诉要求撤销该行为。

（三）离婚中如何争取分割知识产权收益：在离婚诉讼中，对知识产权收益补偿款的金额计算，会综合考虑知识产权的价值、非知识产权人一方对知识产权形成的贡献比例、非知识产权人一方对家庭的贡献、其因此丧失职业发展机会的损失等因素。非知识产权人一方应从上述各方面尽量举证。

第三节　知识产权的继承

一、知识产权的财产性权利和收益可以继承

我国法律虽然没有以明确列举的方式规定知识产权可以继承，但是从《继承法》①到《民法典》的继承编，概括性的兜底条款已经将知识产权包含在内了。《继承法》第三条规定遗产是公民死亡时遗留的个人合法财产，包括：……（七）公民的其他合法财产。《民法典》第一千一百二十二条规定，"遗产是自然人死亡时遗留的个人合法财产。依照法律规定或者根据其性质

---

① 已失效。下文不再提示。

不得继承的遗产，不得继承"。从《民法典》的概括性规定来看，只要属于"自然人死亡时遗留的个人合法财产"，均是遗产，均可以继承，其中当然包括知识产权。

《著作权法》第二十一条第一款规定，"著作权属于自然人的，自然人死亡后，其本法第十条第一款第五项至第十七项规定的权利在本法规定的保护期内，依法转移"。《集成电路布图设计保护条例》第十三条第一款也规定，布图设计专有权属于自然人的，该自然人死亡后，其专有权在本条例规定的保护期内依照继承法的规定转移。《专利法》和《商标法》中则没有规定作为权利人的自然人死亡后，相关权利是否以及如何发生移转。

知识产权有很多特殊性，比如兼具人身性权利和财产性权利，两者在法律上的性质不一样，知识产权的人身性权利是不能继承的，而知识产权的财产性权利和收益可以继承；某些著作权涉及有形物，物权和知识产权交叉，权利人可能分离，比如一幅画由甲购买收藏，这幅画的所有权属于甲，这幅画本身由甲的法定或指定继承人继承，而这幅画的著作权属于创作这幅画的画家乙，著作权的财产性权利如授权他人复制该幅画、在书中使用该幅画作为配图等以及产生的收益，由乙的法定或指定继承人继承。

二、如何避免知识产权的身后纠纷

法律专门针对知识产权继承的规则并不多，所以知识产权的继承在实践中存在不少争议。对于知识产权的继承，通过遗嘱或信托文件进行特别声明和具体细化的安排，可以在相当程度上弥补法律规则的疏漏之处，有效避免身后纠纷，让智力成果得到充分的利用，更有效地为个人和社会创造物质财富和精神财富。

第一，在遗嘱等法律文件中，可以将知识产权分为三个内容进行细化处理：知识产权已经产生的收益由谁继承；知识产权中的财产性权利由谁继承或如何行使；知识产权中的人身性权利如修改权、保护作品完整权（署名权不得继承）由谁保护或行使。

第二，财产性权利的继承人、人身性权利的保护人最好指定为同一人，最好不要指定两人或以上，以免日后无法协商一致，导致知识产权的运用陷入僵局。比如说，甲写了一本畅销书，其订立遗嘱，保护该本书的署名权、作品完整权这类人身性权利由其大儿子继承，该本书的稿费、销售分成由其小女儿继承，这样可能导致大儿子的积极性不强。比如说，甲写了一部小说，尚未出版，他订立遗嘱，该小说的发表权及相关收益由其大儿子和小女儿继承，如甲的大儿子和小女儿对出版发行合同的细节和收益分配无法达成共识，那么该小说就难以面世，其经济效益和社会效益也就无从实现。

第三，分别明确物的继承人以及物上承载的知识产权的继承人。如果没有明确，比如著作权人仅仅赠与原件（原物），没有特别声明赠与著作权，则受赠人并未取得相应著作权。

第四，对于知识产权的运用和收益分配，知识产权人在生前或身后可以设立信托或以类似信托的方式处理，信托可设计条件分配、期限分配等。信托可不对遗产实际分割，由受托人经营，继承人或受赠人按照一定的方法或比例去受益。如果遗产中涉及知识产权的数量特别多，或者价值特别大，更应考虑设立信托。比如著作等身的知名作家，或者是一流的艺术家，作品价值不菲甚至价值连城。

第五，若生前未发表的作品，不希望身后面世，则应当在遗嘱中明确不同意任何人发表。否则，按照《著作权法实施条例》第十七条的规定，作者死亡后五十年内，其发表权可由继承人或者受遗赠人行使，没有继承人又无人受遗赠的，由作品原件的所有人行使。

第六，对于合作作品，若其中一位作者没有法定继承人，又没有立遗嘱指定继承人，著作权中的财产性权利属于其他合作作者。在作者没有法定继承人的情形下，建议订立遗嘱，将著作权的财产性权利指定给某人继承。根据《著作权法实施条例》第十四条，"合作作者之一死亡后，其对合作作品享有的著作权法第十条第一款第五项至第十七项规定的权利无人继承又无人受遗赠的，由其他合作作者享有"。

第七，若著作权的人身性权利无人继承也无人接受遗赠，则由著作权行政管理部门保护。在著作权人没有法定继承人的情况下，建议著作权人寻找合适的人选，和其签订遗赠协议。根据《著作权法实施条例》第十五条"作者死亡后，其著作权中的署名权、修改权和保护作品完整权由作者的继承人或者受遗赠人保护。著作权无人继承又无人受遗赠的，其署名权、修改权和保护作品完整权由著作权行政管理部门保护"。

第八，在遗嘱中，可以设立附义务继承或者"后位继承"。后位继承是指立遗嘱人指定某继承人所继承的财产，在某种条件成就或期限到来时，转移给另一继承人。后位继承，在《继承法》和《民法典》中都未有相关规定。但是从法理上，遗产是被继承人的个人财产，应尊重被继承人的意思自治，除非违背公序良俗。且后位继承在实质上相当于一种附义务的继承，我国法律对附义务的继承有明确规定（《民法典》第一千一百四十四条、《最高人民法院关于适用〈中华人民共和国民法典〉继承编的解释（一）》第二十九条）。

我们举例说明：甲订立遗嘱，指定自己写的某本书的著作权先由弟弟乙继承，在甲乙的妹妹丙年满十八周岁时，乙必须将著作权转给丙；或者甲指定在乙去世后，该书的著作权由丙继承。

设立后位继承，可以在一定程度上避免多次流转继承后，财产性权利的权利人已经不是"作者"的继承人或者受遗赠人时，作者的署名权等人身性权利反而无人保护的不利情况（《著作权法实施条例》第十五条第一款规定"作者的继承人或者受遗赠人"保护作者死后其著作权中的署名权、修改权和保护作品完整权）。因为知识产权的复杂，所附义务或设立后位继承，必须设计得更加精细。

第八章

保险与婚姻、传承

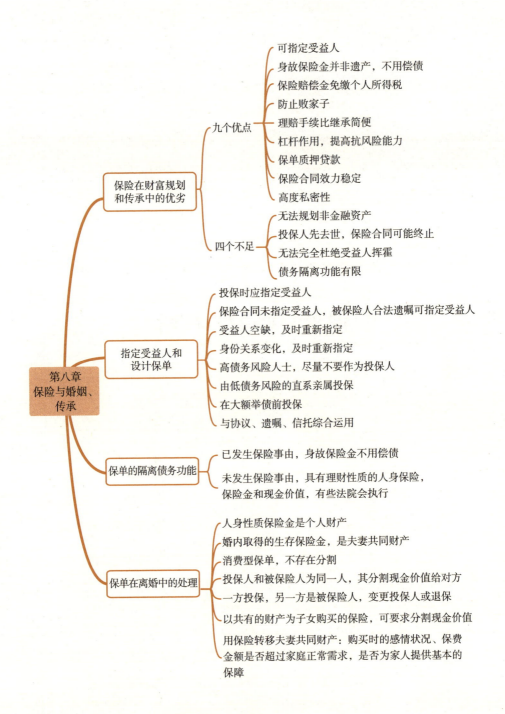

第八章
保险与婚姻、传承

保险在财富规划和传承中的优劣
- 九个优点
  - 可指定受益人
  - 身故保险金并非遗产，不用偿债
  - 保险赔偿金免缴个人所得税
  - 防止败家子
  - 理赔手续比继承简便
  - 杠杆作用，提高抗风险能力
  - 保单质押贷款
  - 保险合同效力稳定
  - 高度私密性
- 四个不足
  - 无法规划非金融资产
  - 投保人先去世，保险合同可能终止
  - 无法完全杜绝受益人挥霍
  - 债务隔离功能有限

指定受益人和设计保单
- 投保时应指定受益人
- 保险合同未指定受益人，被保险人合法遗嘱可指定受益人
- 受益人空缺，及时重新指定
- 身份关系变化，及时重新指定
- 高债务风险人士，尽量不要作为投保人
- 由低债务风险的直系亲属投保
- 在大额举债前投保
- 与协议、遗嘱、信托综合运用

保单的隔离债务功能
- 已发生保险事由，身故保险金不用偿债
- 未发生保险事由，具有理财性质的人身保险，保险金和现金价值，有些法院会执行

保单在离婚中的处理
- 人身性质保险金是个人财产
- 婚内取得的生存保险金，是夫妻共同财产
- 消费型保单，不存在分割
- 投保人和被保险人为同一人，其分割现金价值给对方
- 一方投保，另一方是被保险人，变更投保人或退保
- 以共有的财产为子女购买的保险，可要求分割现金价值
- 用保险转移夫妻共同财产：购买时的感情状况、保费金额是否超过家庭正常需求，是否为家人提供基本的保障

保险，是指投保人根据合同约定，向保险人支付保险费，保险人对于合同约定的可能发生的事故因其发生所造成的财产损失承担赔偿保险金责任，或者被保险人死亡、伤残、疾病或者达到合同约定的年龄、期限等条件时承担给付保险金责任的商业保险行为。保险分为商业保险和社会保险，商业保险是投保人与保险人根据意思自治原则，在平等互利、协商一致的基础上通过自愿订立保险合同来实现的，而社会保险则是通过法律强制实施的，本章是指商业保险。保险具有经济补偿、资金融通和社会管理功能，而经济补偿、分摊风险功能是保险最基本的功能。

保险以多数单位和个人缴纳保费，建立资金池，使少数成员的损失由全体被保险人分担。购买保险，是很多个人和家庭都会采取的抗风险手段和理财方式。选购保险产品时，要确定保障内容是否全面、保额是否充足、保费和缴费期限是否符合自身和家庭的经济情况、保障时间是否有覆盖到自己的保障需求阶段。

第一节　保险在财富规划及传承中的优劣

保险在财富传承和规划中的优势：

第一，保险可以指定受益人，有类似遗嘱的定向传承的功能，避免产生纠纷。在人身保险合同中，被保险人或者投保人可指定一名或数名受益人，受益人享有保险金请求权，投保人、被保险人本身也可以作为受益人。

第二，被保险人去世，指定受益人所领取的被保险人身故保险金，不属于被保险人的遗产，不用偿债。但要注意，在没有受益人的情况下（有四种情形：没有指定；指定不明且无法确定；受益人先于被保险人死亡，没有其他受益人；受益人依法丧失受益权或者放弃受益权，没有其他受益人的），被保险人身故保险金则属于被保险人的遗产。

第三，保险赔偿金不需要缴纳个人所得税，《个人所得税法》第四条规定："下列各项个人所得，免征个人所得税：……（五）保险赔款；……"

第四，保险有助于防止"败家子"，比如年金型保险是每年领取，而不是一次性给付，防止子女挥霍。保险金信托可以设计条件分配，定期分配等方案。

第五，保险理赔的手续通常比办理遗产继承的手续要简便。要继承遗产，全体继承人必须共同办理继承权公证。如果继承人之间有纠纷，或者是部分继承人无法联系上，只能通过诉讼解决。在诉讼中同样必须提供全体继承人的身份资料、全体继承人与被继承人亲属关系的证明。

第六，保险利用杠杆原理，提高个人和家庭的抗风险能力，扩大家庭的财富。保险杠杆原理是指投保人可以用极少的保费获得极高的保额，即起到"以小博大"的效果，也就是投保人购买保险时，可以运用保险杠杆原理来化解各种未知风险。

第七，保单可以质押，进行贷款，有一定的融资功能。保单质押贷款是投保人把所持有的保单直接质押给保险公司，按照保单现金价值的一定比例获得资金。若借款人到期不能履行债务，当贷款本息积累到退保现金价值时，保险公司有权终止保险合同效力。保单质押贷款能满足保险单的流动性和变现要求，为投保人提供周转资金。

第八，保险合同是投保人和保险公司签订的，通常为格式合同，且经过保险行业管理部门的严格审查或备案，效力通常难以被推翻。而在涉及遗嘱的继承纠纷中，遗嘱的效力，包括是否被伪造、篡改，是否符合形式要件等，经常受到挑战，要接受司法的严格审查。

第九，保险具有高度的私密性，有利于保护当事人的个人信息和家庭信息。保险合同具有相对性，只有投保人和被保险人（有时为同一人）与保险公司清楚保险合同的内容。而遗嘱的内容，当立遗嘱人还在世时，就很可能被家人知悉，在立遗嘱人去世后，也必然会公之于世。

保险在财富传承和规划中的劣势：

第一，保险只能对金融资产进行规划，而对于非金融资产如不动产、股权等却无法作出规划。

第二，如果投保人和被保险人不是同一个人，当投保人先于被保险人身故，导致保险合同终止时，保险的现金价值可能会被分割。

第三，保险与遗嘱一样，无法完全约束继承人或受益人的行为和习惯，难以防止继承人或受益人在领取到保险金后挥霍。虽然目前有部分保险产品具有一些个性化的领取条款设置，但若继承人受益人提起诉讼时，依然难以做到有效的保全。

第四，保险的债务隔离功能有限。保单的现金价值属于投保人，若投保人（债务人）成为被执行人，在某些情况下，尤其是认定债务人恶意利用保险逃避债务，法院会执行保单的现金价值，偿还给债权人。

第二节　如何用保险规划财富传承

一、保险合同如何指定受益人

第一，投保时应当要指定受益人，才能发挥保险定向传承的作用，避免产生纠纷。如果保险合同中没有指定受益人，写明是法定继承，身故理赔金就是被保险人的遗产，按法律的规定确定继承人有哪些以及各自的份额。

第二，若保险合同中没有指定受益人，而被保险人订立了遗嘱，指定了保险的受益人，遗嘱合法有效的话，该指定也有效。比如大强购买了一份意外险，保险合同的受益人写了法定，后来大强立了一份遗嘱，写明若自己身故，这份意外险的赔偿金由自己的妻子小丽享有。数年后大强不幸遭遇车祸去世，大强父母认为自己有权分割保险赔偿金。法院认定大强的遗嘱合法有效，保险赔偿金属于小丽一人所有。

第三，受益人由被保险人或者投保人指定。投保人指定受益人或变更受益人时须经被保险人同意。投保人指定受益人未经被保险人同意的无效。被保险人为无民事行为能力人或者限制民事行为能力人的，可以由其监护人指定受益人。比如父母以未成年子女作为被保险人投保，由父母来指定受益人。

第四，订立合同时，投保人应对被保险人具有保险利益，如为自己的近亲属配偶、父母、子女投保，否则合同无效。根据《保险法》第十二条第一款和第六款人身保险的投保人在保险合同订立时，对被保险人应当具有保险利益。保险利益是指投保人或者被保险人对保险标的具有的法律上承认的利益。

第五，受益人仅约定为身份关系，投保人与被保险人为同一主体时，根据保险事故发生时与被保险人的身份关系确定受益人；投保人与被保险人为不同主体时，根据保险合同成立时与被保险人的身份关系确定受益人［法律依据：《最高人民法院关于适用〈中华人民共和国保险法〉若干问题的解释（三）》第九条第二款第二项规定］。

比如说，大强给自己投保，即投保人和被保险人都是大强，保险合同的受益人一栏写了妻子，没有写名字。大强签订保险合同时的妻子是小丽。后来大强和小丽离婚，再后来大强和小美结婚。若干年后，大强发生意外去世，则保险赔偿金属于小美。

又如大强给妻子小丽买保险，即大强是投保人，小丽是被保险人，受益人写了被保险人丈夫。后来大强和小丽离婚，保险合同一直没有变更。若干年后，小丽发生意外去世，则保险理赔金属于大强。

第六，若保险合同指定配偶为受益人，若保险事故发生时，被保险人和受益人已经离婚，则视为保险合同未指定受益人，保险赔偿金作为遗产分配。若保险合同指定父母或子女为受益人，若保险事故发生时，被保险人和受益人已经解除收养关系，则视为保险合同未指定受益人，保险赔偿金作为遗产分配。主要依据为《最高人民法院关于适用〈中华人民共和国保险法〉若干问题的解释（三）》第九条第二款第三项约定的受益人包括姓名和身份关系，保险事故发生时身份关系发生变化的，认定为未指定受益人。

比如大强为自己购买了一份意外险，受益人指定为妻子小丽。后来大强和小丽离婚，大强忘了变更保险受益人，再后来大强不幸遭遇车祸去世。因为小丽已经不是大强的妻子，所以视为保险合同未指定受益人。由大强的父母和大强的儿子平均分割保险赔偿金。

又如小玲是被收养的，小玲的父母老张夫妇为小玲购买了一份保险，受益人指定为小玲父母，后来小玲父母和小玲发生矛盾，双方解除了收养关系，不久后小玲病故。因为小玲去世时，老张夫妇已经不是小玲的父母，那份保险视为未指定受益人，保险理赔金应作为小玲的遗产进行分配。

第七，若出现受益人空缺的情形，应及时重新指定受益人。如果指定的受益人先于被保险人死亡，或者受益人放弃受益权，或者依法丧失受益权，在这三种情形下，投保人或被保险人应及时重新指定受益人，以免日后产生纠纷。

第八，保险合同约定受益人为"法定"或"法定继承人"的，视为其指定以《民法典》规定的法定继承人为受益人，受益人因此取得的保险理赔金不作为被保险人的遗产，不用对被保险人的债务承担偿还责任。

二、如何设计保单

第一，保单的现金价值属于投保人，保单被强制执行的是现金价值，所以债务风险很高的人士及其配偶，尽量不要作为高现金价值保单的投保人，可由债务风险低的直系近亲属作为投保人。

比如，商业人士大强，大强的父亲是退休教师，大强有两名年幼的子女。大强要购买保险，让大强父亲作为投保人，以大强作为被保险人，大强子女作为受益人，就是一种非常有保障的安排。

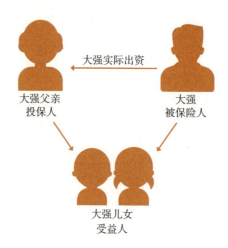

第二，若父母希望保障子女的人生，且规避子女的婚姻风险，可由父母作为投保人，子女作为被保险人，指定父母为受益人。而对于父母作为被保险人、子女作为受益人的保险，父母可与子女签订协议，写明保险的年金、赔偿金、现金价值等均属于子女的个人财产，与子女配偶无关。

比如小丽和大强结婚后，生了一个儿子。小丽父母作为投保人，为小丽购买保险，即小丽为被保险人，可在保险合同指定小丽父母为受益人。若保险合同的受益人一栏写"法定"，则小丽的身故赔偿金由法定继承人包括父母、丈夫和儿子共同继承。

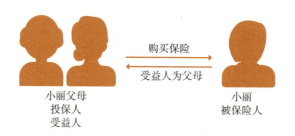

如果小丽父母为自己购买保险，指定小丽为受益人，小丽父母可以和小丽签订协议，写明保险合同的一切利益是属于小丽的个人财产。如果小丽父母和小丽不做特别约定，那么根据《民法典》第一千零六十二条和第一千零六十三条的规定，小丽在婚姻存续期间继承和接受赠与的财产也是

小丽和大强的夫妻共同财产。

父母与小丽签订协议，约定保险利益属于小丽个人财产

小丽父母
投保人
被保险人

小丽
受益人

第三，投保的时间点：购买保险产品尽量在大额债务发生之前，以避免被法院认定为恶意讨债、强制执行保险现金价值（本章的下一节专门探讨保险与债务的问题）。

第四，保险是财富管理与传承的工具之一，要与其他工具如协议、遗嘱、信托等综合运用，取长补短。协议是夫妻或家庭成员之间协商后达成的，可以尽量减少日后的矛盾。协议和遗嘱、信托能处理各类财产，可以设置期限和条件，进行各种具体安排，更加灵活，可以更好地体现当事人的意愿。

第三节　保单能否隔离债务

客观地说，购买保险产品确实具有一定的债务和风险隔离作用，但有些人所谓保单"离婚不分""欠债不还"的说法是片面的、过于绝对的，法律要平衡保护债权人的利益。债务人从保险所得利益是否要抵债，在不同的情形下，有不同的认定和处理。

第一，已经发生保险事由，保险合同明确指定受益人的，身故保险金不属于遗产，受益人不用偿还被继承人（被保险人）的债务。

第二，已经发生保险事由，保险合同没有明确指定受益人的，而是写"法定"或者"法定继承人"的，也视为指定了受益人，身故保险金不属于遗产，受益人不用偿还被继承人（被保险人）的债务。

而《最高人民法院关于适用〈中华人民共和国保险法〉若干问题的解释（三）》中①规定，保险合同约定受益人为法定或法定继承人的，视为其指定以《民法典》规定的法定继承人为受益人。受益人因此取得的保险理赔金不作为被保险人的遗产，不用对被保险人的债务承担偿还责任。

为避免引起继承纠纷或者债务诉讼，还是建议投保人（或被保险人）在保险合同中明确指定受益人。

第三，尚未发生保险事由的保单，能否强制执行，不同省份有不同的处理。近年来一些省份的高院规定具有理财性质的人身保险产品的保险金、保单的现金价值可以被法院强制执行，还有规定法院可以强制退保的，可见保险产品不是债务人高枕无忧的避风港，不能借购买保险来恶意逃避债务。如果债务人能证明投保在债务发生之前，且已经缴清保费（或者缴清大部分保费），可争取保单免予抵债。我们来看广东省高级人民法院和上海市高级人民法院的相关规定：

广东省高级人民法院认为即使投保人是被执行人，也不能强制投保人退保，且如果受益人并非被执行人的，不能执行。如果人身保险没有指定受益人或者指定的受益人为被执行人，发生保险事故后理赔的保险金可以认定为被执行人的遗产，可以用来清偿债务。

广东省高级人民法院2016年3月发布的《关于执行案件法律适用疑难问题的解答意见》中"问题十一：被执行人的人身保险产品具有现金价值，法院能否强制执行？处理意见：首先，虽然人身保险产品的现金价值是被执行人的，但关系人的生命价值，如果被执行人同意退保，法院可以执行保单的现金价值，如果被执行人不同意退保，法院不能强制被执行人退保。

---

① 《最高人民法院关于适用〈中华人民共和国保险法〉若干问题的解释（三）》第九条：投保人指定受益人未经被保险人同意的，人民法院应认定指定行为无效。

当事人对保险合同约定的受益人存在争议，除投保人、被保险人在保险合同之外另有约定外，按以下情形分别处理：

（一）受益人约定为"法定"或者"法定继承人"的，以民法典规定的法定继承人为受益人；

……

其次，如果人身保险有指定受益人且受益人不是被执行人的，依据《保险法》第四十二条的规定，保险金不作为被执行人的财产，人民法院不能执行。最后，如果人身保险没有指定受益人或者指定的受益人为被执行人，发生保险事故后理赔的保险金可以认定为被执行人的遗产，可以用来清偿债务"。

2021年11月，上海市高级人民法院与八大保险机构达成《关于建立被执行人人身保险产品财产利益协助执行机制的会议纪要》该纪要规定，"人民法院因执行工作需要，依法要求保险机构协助查询、协助冻结或协助扣划被执行人人身保险产品财产利益的，保险机构应当予以协助"；"被执行人为投保人的，可冻结或扣划归属于投保人的现金价值、红利等保单权益。被执行人为被保险人的，可冻结或扣划归属于被保险人的生存金等保险权益。被执行人为受益人的，可冻结或扣划归属于受益人的生存金等保险权益"；"鉴于重大疾病保险、意外伤残保险、医疗费用保险等产品人身专属性较强、保单现金价值低，但潜在可能获得的保障大，人民法院应秉承比例原则，对该类保单一般不作扣划"。

从上述规定我们可以看到，不同的法院对保单抵债的问题、认定的标准、处理的力度并非完全一致，但在执行当中，司法都要保护债权人的利益，扼制债务人恶意逃债。所以不能把购买保险当作避债的工具。购买保险应当在发生大额债务之前，且指定受益人应当是负债风险小的家庭成员。

第四节　保单在离婚中的处理

保险的分类有很多种不同的标准。按照保险标的，保险分为：财产保险、人身保险、责任保险、信用保险。保单在离婚中的分割，通常是指人身保险。传统的人身保险，又分为人寿保险、人身意外伤害保险和健康保险。新型的人身保险，将保障和投资融于一体，主要包括分红型、万能型、投资连结型等三种类型。

保单在离婚中的处理，同样适用夫妻离婚处理财产的原则性规定。如果一份保单完全是个人财产，不涉及夫妻共同财产，就不需要分割。如大强婚前为自己投保，婚前已经缴清保费，或者大强能证明婚后的保费是用自己的个人财产支付的（或者是大强父母出钱的），那么这份保单的利益就完全属于大强。如果这份保单的受益人是小丽，大强在和小丽离婚时或离婚后，可变更受益人。如果一份保单涉及夫妻双方，如投保人和被保险人分别是夫妻双方，或者保费是用夫妻共同财产支付的，在离婚时就要处理或分割。

相比普通的财产，保单非常特殊，保险关系涉及保险公司、投保人、被保险人、受益人等多方当事人，而且保险利益在保险事故（或事由）尚未发生时，还是期待利益，而非现实利益。所以在离婚中，对保险金（已经取得的现实利益）和保单（期待利益）的处理，不能"一刀切"，要区分不同情况。

第一，具有人身性质的保险金（如医疗费、残疾赔偿金、死亡赔偿金）属于个人财产，即夫妻一方作为被保险人依据意外伤害保险合同、健康保险合同获得的具有人身性质的保险金，或者夫妻一方作为受益人依据以死亡为给付条件的人寿保险合同获得的保险金，为个人财产，除非双方另有约定（最高人民法院《第八次全国法院民事商事审判工作会议（民事部分）纪要》第五点）。在这种情况下，保费的来源如何，不影响保险金的性质。

第二，婚姻关系存续期间，夫妻一方获得的生存保险金（依据以生存到一定年龄为给付条件的具有现金价值的保险合同获得的保险金），宜认定为夫妻共同财产，但双方另有约定的除外（最高人民法院《第八次全国法院民事商事审判工作会议（民事部分）纪要》第五点）。

第三，消费型保单，比如意外险、医疗险，属于"实报实销"，即发生保险事故时保险公司理赔，本身没有现金价值，没有固定返还或分红，不存在分割的问题。

第四，若投保人为夫妻之外的第三人（通常为一方的父亲或母亲），夫妻一方为被保险人，且第三人提供保费，这种情况下，保单不作为夫妻共同财产分割。

第五，若婚后用个人财产为配偶支付保费（配偶作为被保险人的保单），离婚时能否要求配偶返还保费，没有明确规定。笔者认为，以个人财产为配偶购买保险，属于"赠与"性质，且已经履行，不能要求返还。除非具有《民法典》第六百六十三条（撤销赠与）规定的情形。

第六，若夫或妻一方是投保人，以夫妻共同财产缴纳保险费，具有理财性质的保单，或者以生存到一定年龄为给付条件的保单，属于夫妻共同财产，在离婚诉讼中，配偶可以要求分割属于夫妻共同财产的保单现金价值。

1.若投保人和被保险人均为夫妻一方，离婚并不影响保险合同的继续履行；若受益人为另一方，投保方可以进行变更。无论是退保或继续投保，投保方将保单的现金价值分割给对方。比如大强和小丽结婚之后，大强为自己购买了一份保险，即投保人和被保险人都是大强，若大强和小丽离婚，大强将相当于保单现金价值一半的款项支付给小丽。如果大强证明是以自己个人财产或其他人（如大强父母）财产支付保费的，就不需要支付补偿款给小丽。

2.若夫妻一方为投保人，另一方为被保险人，双方协商一致，可变更投保人或者解除保险合同，并分割保单的现金价值。若双方无法协商一致，投保人要求退保而被保险人要求续保，通常法院会判决变更被保险人为投保人，由被保险人支付保单的现金价值给原投保人。比如大强和小丽结婚后，大强为小丽购买保险，即大强为投保人，小丽为被保险人，双方离婚时，如果大强和小丽商量好，可以变更小丽为投保人，小丽将相当于保单现金价值一半的款项支付给大强。如果大强要求退保，小丽要求续保，法院通常会支持由小丽续保，小丽将相当于保单现金价值一半的款项支付给大强。

第七，为父母购买的保险产品。如果夫妻一方用共同财产为自己的父亲或母亲购买了保险，离婚时双方可以分割，要求返还一半的保费，或者分割现金价值。

第八，为子女购买的保险产品。

1.若离婚时一方要求配偶支付为孩子购买保险（以未成年子女为被保险人）的保险费用，包括已经发生的和将要发生的，法院通常不处理，因为这不属于离婚案件的审理范围，法律规定的抚养费项目中也不包括保险费。

2.对于为子女购买的保险产品，拟离婚的夫妻双方应协商是否变更投保人、变更受益人，是否分割该保单的现金价值，是否解除保险合同。

（1）若双方均同意不解除保险合同，不分割保单，则保费视为对子女的赠与。

（2）若一方要求分割，无论是否解除保险合同，法院通常判令抚养权方将相当于保单现金价值一半的款项支付给非抚养方。理由是该保单的受益人即未成年子女处于抚养权方的实际监护之下，抚养权方享受了该保单的期待财产利益。在这种情况下，相应地，抚养权方有权要求将保单的受益人变更为自己一个人。

第九，利用购买保险转移夫妻共同财产的情形。

1.如何认定是利用购买保险转移夫妻共同财产，综合三方面的因素进行判断：（1）购买的时间点，感情是否已经恶化，甚至已经分居，在协商离婚，有第三者等出轨行为；（2）保费的金额，是否超出双方的经济能力和家庭的正常需求；（3）购买保险的种类和功能，是否为家人提供基本的养老、医疗保障。

2.法律后果：对隐匿、转移夫妻共同财产的一方，少分或者不分共同财产（《民法典》第一千零九十二条）。

笔者曾经代理一起离婚案件，对方是保险经纪人，其从事保险行业将近十年，为自己、孩子及配偶购买的保险，已实际缴纳的保费近百万元。而我方当事人仅仅知道其中两三份保单。我方当事人多年来把自己的收入用于供楼、供车、抚养孩子，对方把所有的收入都投入保险事业中。我方要求对方返还保费的50%。法院判决返还保单的现金价值，只有区区数万元。而我方要支付给对方的房屋补偿款高达五六十万元。对方并没有退保，为什么只补偿现金价值给我方。而且对方是保险经纪人，其购买保险的数量和保费金额，已经远非正常的、必要的家庭开支，完全是为了冲业绩、赚取佣金。这样无形中是鼓励当事人不履行家庭责任，甚至利用保险来转移夫妻共同财产。

第九章

遗嘱与传承

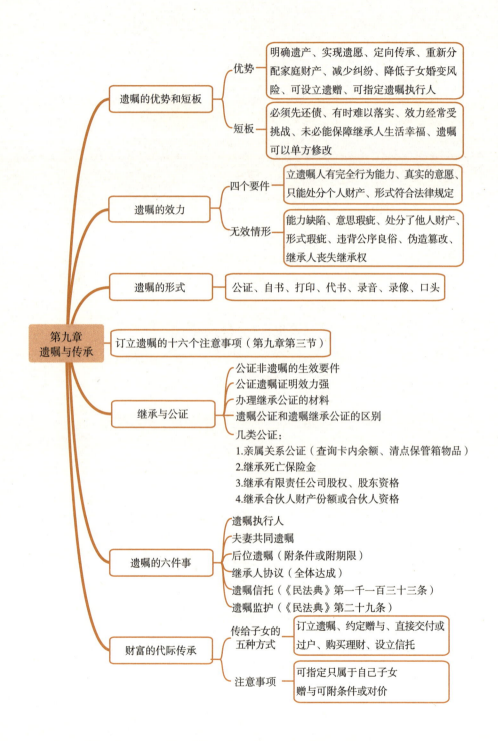

第一节　遗嘱的七个优势和五个短板

财富传承有四种主要途径——遗嘱、赠与、保险、家族信托。关于财产的处置、家事的安排，遗嘱是最传统的法律手法、最基本的"意愿安排"，非常重要。人之将死，其言也善。但是订立遗嘱，若等到"人之将死"，恐怕为时已晚。凡事预则立，不预则废。在本章第一节，我们先来详细分析遗嘱的优势和短板。

一、遗嘱的七个优势

第一，最大限度地保证一个人能按照自己的意愿来处理财产。按照我国《民法典》第一千一百二十二条第一款的规定，遗产是指自然人死亡时遗留的个人合法财产。一个人对自己所拥有的财产，享有占有、使用、收益、处分的权利，这也是所有权的四项权能。遗嘱体现的是所有权人（立遗嘱人）对财产自由处分的权利。财产留给哪些人、各自多少，完全由立遗嘱人决定，有没有血缘关系或亲戚关系都可以（法定继承人之外的，相当于赠与，也就是遗赠）。自己的东西，爱给谁给谁。

遗嘱是交代身后事，一个人离开这个世界，总会有无数的牵挂，对亲人的不舍和担心。通过遗嘱的安排，可以给予亲人生活上的保障、事业学业上的助力，代表着逝者对生者的拳拳之心和美好祝福。

第二，重新分配家庭财产，调节家庭关系。一个家庭、一个家族，有男女老少，通过血缘和婚姻紧密地联结在一起，每个人的情况和志向不同，对家庭家族的贡献不同，其中有复杂的感情和利益关系，也不可避免地会积聚恩怨。通过遗嘱灵活处置遗产，在家庭（家族）成员中重新分配财产，达到一种平衡，可以均贫富、补不足，扶持经济上、能力上的弱者，或对贡献大的强者予以额外奖励。当然，遗嘱也可能激化矛盾，因为每个人所理解的"公平"并不一样，而且往往是站在自己的角度。

第三，定向传承、减少纠纷。虽然遗嘱在程序上不能阻止某些继承人和利害关系人的起诉，但一份内容合法有效、形式严谨完备的遗嘱，可以在一定程度上消除争夺欲望，毕竟诉讼的成本很高，不仅耗费大量时间精力和金钱，亲人间还会撕破脸皮，如果没有把握推翻遗嘱，相关人不会贸然起诉。即使进入诉讼，合法有效的遗嘱亦可定分止争。

第四，降低子女婚变的损失，确保子女的利益。婚内继承或接受赠与的财产，属于夫妻共同财产，除非夫妻之间有特别约定（但中国人签订婚前协议或婚内协议的凤毛麟角）。如果父母不立遗嘱，子女继承的遗产中，子女的配偶自动享有50%的份额，离婚时可要求分割。不少父母对此忧心忡忡，其实对策很简单，父母可在遗嘱中指定遗产只属于子女，与子女的配偶无关。这样一来，即使子女日后离婚，也可以将损失降低，可以保障（外）孙子女的成长。上一代辛苦打拼所积攒的财富，才能真正地留给有血缘有亲情的人。

第五，灵活性强，可设立遗赠。遗赠是指把遗产留给法定继承人之外的人，甚至是没有任何血缘关系的人。一个人可以用遗赠来报答对自己有恩的人，可以用遗赠来保障依赖自己生活的人，可以用遗赠来设立基金、造福社会。还有一种遗赠抚养，无依无靠的人用财产换取生养死葬。

第六，可以指定遗嘱执行人，确保遗嘱的落实。遗嘱执行人就是遗产管理人，《民法典》第一千一百四十七条规定遗产管理人的职责是：1.清理遗产并制作遗产清单；2.向继承人报告遗产情况；3.采取必要措施防止遗产毁损、灭失；4.处理被继承人的债权债务；5.按照遗嘱或者依照法律规定分割遗产；6.实施与管理遗产有关的其他必要行为。

第七，明确遗产有什么，避免遗产下落不明。一个人在立遗嘱的时候，会全面地清点自己所拥有的各种财产，并在遗嘱里详细地列出来。若立遗嘱人之后病重住院神志不清，或因意外突然离世，其亲人可以根据遗嘱的内容，知悉其有什么财产，想要如何处置，从而避免发生死者的财产不明、无法查找的情况。

当然，凡事有利有弊，遗嘱也有一定的局限性。

二、遗嘱的五个短板

第一，继承财产必须先偿还被继承人所欠的税款和债务，无论是遗嘱继承、法定继承还是遗赠均是如此，法定继承和遗嘱没有债务隔离的功能。

根据《民法典》第一千一百五十九条规定，分割遗产，应当清偿被继承人依法应当缴纳的税款和债务；但是，应当为缺乏劳动能力又没有生活来源的继承人保留必要的遗产。第一千一百六十一条规定，继承人以所得遗产实际价值为限清偿被继承人依法应当缴纳的税款和债务。超过遗产实际价值部分，继承人自愿偿还的不在此限。继承人放弃继承的，对被继承人依法应当缴纳的税款和债务可以不负清偿责任。第一千一百六十二条规定，执行遗赠不得妨碍清偿遗赠人依法应当缴纳的税款和债务。

第二，在有些情况下，遗嘱难以落实。即便是有合法、有效、完善的遗嘱，即便是继承人之间没有任何争议，但在现实中，办理财产继承依然非常麻烦、困难。尤其是不动产的继承、银行存款的继承，房屋管理部门和银行为了避免自身的风险，会设置非常多的要求，比如必须提供公证文书。有些亲属不得不"制造诉讼"，以拿到一纸判决。事实上，继承纠纷往往也让律师很头疼，在立案的时候，有些法院就会对主体进行严格审查，查明有多少个继承人，要求原告提供充分的证据。若某些继承人年事已高，或分散在全国各地乃至世界各国，甚至失去联系多年，原告未必能提供全部继承人的身份证明、亲属关系证明，投告无门。

第三，遗嘱的效力经常受到挑战，容易被否定。《民法典》继承编规定了各种遗嘱的形式要求，司法实践中对此审查特别严格，比如说自书遗嘱必须由立遗嘱人亲笔书写、落款签名，注明年、月、日。打印的遗嘱，在法律上属于"代书"遗嘱，必须有两名或以上无利害关系的见证人在场见证，且见证人在遗嘱上签名，否则无效。只要遗嘱存在形式上的瑕疵，就可能被法院或公证机构等认定为无效或部分无效。此外，若利害关系人证明了立遗嘱人是被欺诈或被胁迫的，遗嘱并非其真实意思表示，或者立遗嘱人已经神志不清，或属于无民事行为能力人、限制民事行为能力人，就可以推翻遗嘱的效力。无论利害关系人是否有充分证据，其都可以提起诉讼，利用法律程序在时间上极力阻碍遗产的分割处理。

第四，遗嘱未必能保障继承人的生活幸福。继承人可能会因继承大笔遗产而不思进取、不务正业、挥霍无度，甚至沾染恶习。

第五，遗嘱可以单方修改。比如说，甲婚内出轨，被妻子乙发现，甲痛哭流涕，跪地认错，甲为弥补乙受到的伤害，保全家庭，立下遗嘱将财产留给乙和儿子丙，但之后甲可以私下修改遗嘱，乙和丙无从知悉、无法制约。在这种情况下，乙可要求和甲订立共同遗嘱，约定不得单方修改，只能双方共同修改或撤销，还可以进一步约定在乙去世后，甲也不能单方修改遗嘱。

遗嘱的缺陷，有先天的，也有后天的。律师的任务就是协助当事人，确保遗嘱的内容和形式均合法有效，且在日后能顺利落实。

遗嘱的效力，是遗嘱最重要的问题，下面两节我们将根据法律的规定，结合实际中的情况，归纳列举遗嘱无效的七种情形，总结订立遗嘱的十六个注意事项。

第二节　关于遗嘱的法律规定

一、遗嘱的有效条件，一份遗嘱必须同时符合以下各项条件才是合法有效的

第一，立遗嘱人在立遗嘱时必须具有民事行为能力，无民事行为能力人或者限制民事行为能力人所立的遗嘱无效。无民事行为能力人所立的遗嘱，即使其本人后来有了民事行为能力，仍属无效遗嘱。遗嘱人立遗嘱时有民事行为能力，后来丧失了民事行为能力，不影响遗嘱的效力。

第二，遗嘱必须体现立遗嘱人的真实意思，受胁迫、欺骗所立的遗嘱无效。伪造的遗嘱无效。遗嘱被篡改的，篡改的内容无效。

第三，遗嘱只能处分个人合法财产，处分其他人的财产无效。

第四，遗嘱的形式必须符合法律规定，详见本节第三部分。

二、遗嘱无效（或部分无效的）的情形

第一，立遗嘱人不具有完全的民事行为能力。"无民事行为能力人或者限制民事行为能力人所立的遗嘱无效"，故十八周岁以上、精神正常、能清晰辨认自己行为的完全民事行为能力人，才有资格订立遗嘱。所以订立遗嘱还是要趁早，趁身体健康的时候妥善安排。有些人年迈久病，住进医院，已经失语失智，甚至在ICU（重症监护室）抢救，家属才想起立遗嘱。在这种完全丧失行为能力、无法清晰表达意愿的情况下，不可能订立任何形式的有效遗嘱。

无民事行为能力人或者限制民事行为能力人所立的遗嘱，即使其本人后来有了完全民事行为能力，当时所立遗嘱仍是无效。而遗嘱人立遗嘱时有民事行为能力，后来丧失了民事行为能力，不影响遗嘱的效力。

第二，立遗嘱人意思表示不真实或不自由的遗嘱。订立遗嘱是一个人行使自由处分自己财产的权利，《民法典》第一千一百四十三条第二款规定"遗嘱必须表示遗嘱人的真实意思，受欺诈、胁迫所立的遗嘱无效"。第一千一百二十五条第一款第五项规定继承人以欺诈、胁迫手段迫使或者妨碍被继承人设立、变更或者撤回遗嘱，情节严重，丧失继承权。

第三，遗嘱中处分了不属于立遗嘱人的财产或财产份额。如立遗嘱人处分了共有财产中属于配偶或其他家庭成员的财产份额，那么这部分内容无效，但其他内容的效力不受影响。建议立遗嘱人先弄清属于自己的财产

份额，或对共有财产进行析产。

第四，遗嘱继承人依法丧失继承权，遗嘱的相应内容无效。若遗嘱继承人故意杀害被继承人的，或者为争夺遗产而杀害其他继承人的，则该遗嘱继承人丧失继承权，遗嘱的相应内容无效，所涉及的财产按照法定继承办理。

第五，遗嘱的形式瑕疵。从《继承法》到《民法典》继承编，对各种遗嘱的形式都作了严格的规定，如果不符合形式要件，遗嘱很可能被法院认定为无效。除了自书遗嘱和公证遗嘱外，代书遗嘱、口头遗嘱和录音遗嘱都必须有两个或以上的见证人，见证人必须具有完全民事行为能力，而且不能有利害关系——法定继承人、受遗赠人、跟法定继承人或受遗赠人有利害关系的人均不能作为见证人。

建议立遗嘱人向专业人士（比如律师、公证员）咨询，详细沟通自己的真实目的、财产情况和各种顾虑，由专业人士起草遗嘱内容，立遗嘱人手写遗嘱，字迹尽量端正、清晰，易于辨认，不能有错别字，最好办理公证。

第六，违背公序良俗。有些人立遗嘱将财产或部分财产留给婚外情人，如果配偶或其他法定继承人主张违背公序良俗，法院通常会支持，判决相关内容无效。此外，如果遗嘱将限制继承人某些人身权利作为取得财产的条件，也是无效的。

第七，伪造、篡改的遗嘱。假冒立遗嘱人名义伪造的遗嘱，当然无效。被人篡改的遗嘱，篡改部分无效。根据《民法典》第一千一百二十五条第一款第四项，伪造、篡改、隐匿或者销毁遗嘱，情节严重的，行为人不仅丧失继承权，还要承担相应的法律责任。

不少继承诉讼中，对遗嘱做笔迹鉴定，却因对比检材不足，导致无法鉴定，或难以得出肯定结论。故建议立遗嘱人在遗嘱上除了签名，还要摁手印，写明日期，最好进行公证。此外，家属要多多保留、收集立遗嘱人近期亲笔书写的文件，最好拿到银行、政府部门办事的正式文件，以防日后出现纠纷。

还要注意一点，遗嘱人未保留必需的份额，包括胎儿的份额，或缺乏劳动能力又没有生活来源的继承人（按遗嘱生效时该继承人的具体情况确定）的份额，遗嘱并不因此无效。遗产处理时，应为该继承人或胎儿留下必要的遗产，所剩余的部分，才可参照遗嘱确定的分配原则处理。

三、遗嘱的合法形式

（一）公证遗嘱：由遗嘱人经公证机构办理。

（二）自书遗嘱：由遗嘱人亲笔书写，签名，注明年、月、日；个人在遗书中涉及死后个人财产处分的内容，确为其本人真实意思的表示，有本人签名并注明了年、月、日，又无相反证据的，可按自书遗嘱对待。

（三）打印遗嘱：应当有两个或以上见证人在场见证。遗嘱人和见证人应当在遗嘱每一页签名，注明年、月、日。

（四）代书遗嘱：应当有两个或以上见证人在场见证，由其中一人代书，并由遗嘱人、代书人和其他见证人签名，注明年、月、日。

（五）录音录像遗嘱：以录音或录像的形式订立的遗嘱，应当有两个或以上见证人在场见证，遗嘱人和见证人应当在录音录像中记录其姓名或者肖像，以及年、月、日。

（六）口头遗嘱：遗嘱人在危急情况下，可以立口头遗嘱。口头遗嘱应当有两个或以上见证人在场见证。危急情况解除后，遗嘱人能够用书面或者录音录像形式立遗嘱的，所立的口头遗嘱无效。

四、遗嘱形式选择的优先顺序

第一，立遗嘱人有书写能力的，亲笔书写（希望加强证明效力、减少纠纷的，可以同时录音录像或办理公证），不要打印或代书。

第二，立遗嘱人没有书写能力的，比如因病无法握笔，或者文化程度很低，不懂写字，则最好办理公证。公证处会采取录音录像的形式，并出具公证书。

第三，立遗嘱人没有书写能力，又因为某些原因来不及办理公证，或是不符合公证受理条件的，在打印遗嘱或代书遗嘱上亲笔签名或摁指模，加上录音录像（起到证据补强的作用），并由两个以上无利害关系见证人在场见证。

第四，如果立遗嘱人连名字都无法签署，或者情况紧急，只能采取录音遗嘱、口头遗嘱，应由两个以上无利害关系见证人在场见证。

第五，无论采取哪种形式的遗嘱，建议遗嘱的内容委托专业人士比如律师制订。

五、遗嘱的见证人

《民法典》第一千一百四十条规定无民事行为能力人，限制民事行为能力人，继承人，受遗赠人，与继承人、受遗赠人有利害关系的人不可以作为遗嘱见证人；《最高人民法院关于适用〈中华人民共和国民法典〉继承编的解释（一）》第二十四条规定继承人、受遗赠人的债权人、债务人，共同经营的合伙人，也应当视为与继承人、受遗赠人有利害关系，不能作为遗嘱的见证人。

六、遗嘱的撤销、变更

根据《民法典》第一千一百四十二条第一款和第二款的规定，遗嘱人可以撤回、变更自己所立的遗嘱；遗嘱人生前的行为与遗嘱的意思表示相反，从而使遗嘱中涉及的财产在继承开始前灭失、部分灭失或所有权转移、部分转移的，遗嘱视为被撤销或部分被撤销。

七、遗嘱人以不同形式立数份遗嘱的处理

根据《民法典》第一千一百四十二条第三款的规定，遗嘱人订立了有数份内容相抵触的遗嘱，以最后所立的遗嘱为准。

延伸阅读

爷爷把房子给孙子，遗嘱有效却为何落空？ ①

爷爷立了遗嘱，把房子留给孙子。遗嘱是真实的、合法有效的，可是，后来孙子却因不了解法律的规定，而白白错失了房子，最终房子按照法定继承处理。"小许是北京人，今年22岁，其爷爷许老爷子于2021年5月30日去世，去世前留给了小许一份自书遗嘱，内容为：其名下的一套位于二环内的房产，待其去世后由孙子小许一人继承。小许的父亲、一个姑姑、一个叔叔均健在，小许奶奶已于2019年去世。许老爷子去世后，家里都在忙着操办老爷子的后事，小许也没敢将遗嘱的事说出来。直到近三个月后的9月3日，小许的姑姑、叔叔叫来了小许的父亲，三姐弟坐在一起，商量许老爷子二环内房产的事。这时，小许拿出了爷爷的遗嘱，要求将房子过户给自己，姑姑和叔叔不同意，要求分割房产。最终，小许没能得到这套房子"。这是怎么回事？我们首先来普及一个关于法定继承人的"冷知识"——

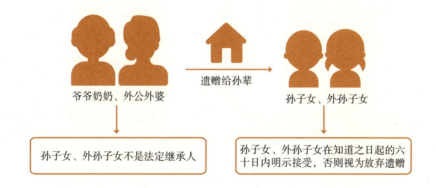

遗赠给孙辈

爷爷奶奶、外公外婆　　　　　　　　　　孙子女、外孙子女

孙子女、外孙子女不是法定继承人　　　　孙子女、外孙子女在知道之日起的六十日内明示接受，否则视为放弃遗赠

---

① 普法君说法："老人生前立遗嘱欲将房产赠与孙子，怎料孙子却无法顺利继承！只因……"，载微信公众号"广州普法"2022年3月25日。

问题：爷爷奶奶、外公外婆是不是法定继承人？

答案：是的，爷爷奶奶、外公外婆是第二顺序的法定继承人。

问题：孙子女、外孙子女是不是法定继承人？

答案：不是。孙子女、外孙子女不是法定继承人，既不是第一顺序的法定继承人，也不是第二顺序的法定继承人。

附法律依据：《民法典》第一千一百二十七条第一款　遗产按照下列顺序继承：（一）第一顺序：配偶、子女、父母；（二）第二顺序：兄弟姐妹、祖父母、外祖父母。

所以，爷爷奶奶、外公外婆立遗嘱把遗产给孙子女、外孙子女，属于遗赠，不是法定继承！！！

关于遗赠，有一个特殊的规定，接受遗赠的人，必须在知道受遗赠之日起的六十日内，作出接受遗赠的表示，否则视为放弃遗赠。主要依据是《民法典》第一千一百二十四条，即继承开始后，继承人放弃继承的，应当在遗产处理前，以书面形式作出放弃继承的表示；没有表示的，视为接受继承。受遗赠人应当在知道受遗赠后六十日内，作出接受或者放弃受遗赠的表示；到期没有表示的，视为放弃受遗赠。也就是说，孙子女、外孙子女，如果知道了爷爷奶奶、外公外婆立遗嘱把财产留给自己，必须明确表示接受，保持沉默，就会被认定为不接受遗赠。敲黑板，重点是，在"知道受遗赠后六十日内"，而不是爷爷奶奶、外公外婆去世后的六十日！！！

另外，"以什么方式表示接受"，法律也没有规定。从证据的角度说，口头表示，以后很难证明。所以，建议受遗赠人以书面形式做出表示，比如发函给逝者的法定继承人。

那么，如何避免出现老人家的心愿落空，房屋无法给到（外）孙子女呢？可以有两种操作：

第一，老人家生前直接将房屋赠与（外）孙子女，如果老人家没有其他顾虑，可以在生前将房屋过户到（外）孙子女名下。如果老人家担心被赶走、没地方住，可以在房屋上设置居住权。

第二，老人家订立遗嘱，并且告知（外）孙子女，双方再签订一份协议，（外）孙子女明确表示同意接受老人家的遗赠。如果（外）孙子女尚未成年，可以由其法定监护人代为签订该协议。

第三节　订立遗嘱的十六个注意事项

第一，订立遗嘱还是要趁早，趁身体健康的时候积极安排。

第二，先厘清属于自己的财产份额，或对共有财产进行析产。列出财产清单，不要遗漏。

第三，由专业人士制订遗嘱内容，立遗嘱人手写遗嘱，字迹尽量端正、清晰，易于辨认，不能有错别字。

第四，立遗嘱人在遗嘱上除了签名，还要摁手印，写明日期（日期必须写，没有落款日期的遗嘱，绝对会被法院认定为无效，而且写明某年某月某日，不能省略或简写）。

第五，无论采取何种遗嘱形式，都可以用录像的方式加强证明力，在录像中立遗嘱人要表明身份，说明时间、地点，所述内容应与书面遗嘱完全一致。见证人同时出现，表明身份，对遗嘱形成过程表示在场目睹。

第六，考虑是否存在需要保留份额的继承人（或胎儿），在遗嘱中做出合法、适当的安排。

第七，如有必要，在遗嘱中指定遗嘱执行人，写明遗嘱执行人的权利义务。

第八，遗嘱的内容应尽量详细，财产要明确，遗产的分割方式或处置方式具有可操作性。

第九，见证人必须具有完全民事行为能力，而且不能有利害关系——法定继承人、受遗赠人、与法定继承人或受遗赠人有利害关系的人均不能作为见证人。

第十，见证人的签名必须与遗嘱在同一页上面，如果遗嘱有几页，那

么立遗嘱人和见证人应当在每一页上面签名。单独出具的见证书（包括律师见证书），有些法院不予采纳。

第十一，如果遗嘱中设置了一些前提条件，涉及人身自由、宗教、性别、婚姻、生育等，文字表达必须非常谨慎，或者做巧妙的技术性处理，避免因涉嫌歧视、违背公序良俗或限制人身自由而无效。

第十二，某些情况下，采取遗嘱加上协议（夫妻协议、家庭成员协议等）的方式，保证遗嘱安排的落实，有效避免纠纷。

第十三，根据情况变化，考虑是否重新订立遗嘱，比如子女成年、遗嘱指定的继承人健康恶化（可能先于立遗嘱人去世）、新增加的财产尤其是大额财产房产需要写入遗嘱、部分财产已经出售或灭失等，应及时修改遗嘱。

第十四，新订立的遗嘱必须符合实质要件和形式要件，如果无效或部分无效，适用法定继承。

第十五，父母可通过遗嘱剥夺子女的配偶（即儿媳、女婿）的继承利益，指定遗产只由儿子、女儿继承，如果没有遗嘱，或者遗嘱中没写明，子女继承的遗产中的50%属于其配偶（《民法典》第一千零六十二条、第一千零六十三条）。

第十六，不要订立"秘密遗嘱"，应该制订一式数份完全相同的遗嘱，除了自行妥善保管遗嘱外，应将遗嘱交由律师事务所、公证机构或遗嘱中心保管，或者交由信任的亲人朋友保管。以免去世后，法定继承人不知道遗嘱的存在或者找不到遗嘱。

第四节　继承与公证

一、遗嘱与公证

谈到遗嘱与公证的关系，首先要澄清，很多人以为遗嘱必须公证才有效，其实公证并非协议或遗嘱的生效要件，也就是说，协议或遗嘱不是公证过才有效。反过来，如果一份协议或遗嘱本身在法律上是无效，那么即使办理了公证，也还是无效的。公证只是证明立遗嘱人或者合同各方在公证员面前亲笔签名，起到加强证据证明力的作用。虽然如此，还是强烈建议办理遗嘱的公证，因为人去世之后，继承才开始，遗嘱才生效，死者（立遗嘱人）无法说话，遗嘱的效力经常会受到挑战，程序上每个法定继承人都有权起诉要求确认遗嘱的效力（包括有效或无效）。遗嘱存在形式上的瑕疵，或者实质内容上的问题，都可能被认定为无效。

而经过公证的遗嘱，1.内容上有公证员的把关，公证过的遗嘱，公证员会按照公证的要求对材料和遗嘱的内容进行严格审核。2.形式上，公证处不仅出具公证书，还会对立遗嘱人进行录像，让立遗嘱人面对镜头确认身份、口述遗嘱的内容。公证处会建立档案，将公证书、录像资料和相关材料长期保管，法定继承人、利害关系人可以申请查阅或申请法院调取。

公证过的遗嘱，证明效力是最强的。2002年4月1日起施行的《最高人民法院关于民事诉讼证据的若干规定》第十条第一款第七项规定，已为有效公证文书所证明的事实，当事人无须举证证明，除非有相反证据足以推翻的。事实上，在诉讼中，要推翻公证文书是非常困难的。也就是说，公证过的遗嘱可以最大限度地保证遗嘱的效力得到法律的认可，保证死者遗愿的落实。

二、遗嘱公证和遗嘱继承公证

遗嘱公证和遗嘱继承公证，是完全不同的两个概念。遗嘱公证是指被继承人生前到公证机构办理遗嘱的公证，公证书的内容是如何处分自己的遗产。遗嘱继承公证是指被继承人去世后，其继承人到公证机构办理根据遗嘱的继承公证，公证书的内容是继承人与被继承人的亲属关系、继承人根据遗嘱如何继承被继承人的遗产。

办理遗嘱继承公证，前提是——公证机构确认遗嘱有效；全体遗嘱继承人共同申请（已明确表示放弃的遗嘱继承人可以除外）；不存在遗嘱继承人依法丧失继承权的情形；全体法定继承人对遗嘱内容无异议（公证过的遗嘱除外）；遗嘱继承人和利害关系人对是否有保留份额没有异议；不存在遗嘱继承人没有履行遗嘱所附义务的情形（《办理继承公证的指导意见》第十六条，《办理继承公证的指导意见》由中国公证协会2009年颁布，以下简称意见）。

三、如何办理继承公证

办理继承公证，包括法定继承公证和遗嘱继承公证，必须由全体继承人共同申请（已明确表示放弃的继承人可以除外），不存在继承人依法丧失继承权的情形，全体继承人对继承人的范围、遗产权属、应分得适当遗产的人，都没有异议（意见第十六条）。

（一）当事人申请办理继承公证，应当提交下列材料（意见第三条）：

1.当事人的身份证件；

2.被继承人的死亡证明；

3.全部法定继承人的基本情况及与被继承人的亲属关系证明；

4.其他继承人已经死亡的，应当提交其死亡证明和其全部法定继承人的亲属关系证明；

5.继承记名财产的，应当提交财产权属（权利）凭证原件〔当事人有合理理由无法提交财产权属（权利）凭证原件的，应当提交财产权属（权利）凭证制发部门出具的其他证明材料〕；

6.被继承人生前有遗嘱或者遗赠扶养协议的，应当提交其全部遗嘱或者遗赠扶养协议原件；

7.被继承人生前与配偶有夫妻财产约定的，应当提交书面约定协议；

8.继承人中有放弃继承的，应当提交其作出放弃继承表示的声明书；

9.委托他人代理申办公证的，应当提交经公证的委托书；

10.监护人代理申办公证的，应当提交监护资格证明。

（二）被继承人的遗嘱是公证过的，公证机构应当对遗嘱内容是否符合法律规定进行审查，并向全体法定继承人核实，核实的内容包括询问被继承人有无其他遗嘱或者遗赠扶养协议，法定继承人中有无缺乏劳动能力又没有生活来源的人。

法定继承人对公证机构的核实没有回复的，或者无法与法定继承人取得联系的，公证机构对遗嘱进行审查，并且公告（遗嘱受益人根据遗嘱将继承被继承人的具体哪些财产，若对此有异议，可以在限定期限内向公证机构提出异议），若无人对遗嘱继承提出异议的，可以确认遗嘱的效力。

（三）被继承人的遗嘱没有公证过，符合法定形式，公证机构应当取得全体法定继承人对遗嘱内容无异议的书面确认，并经审查认为遗嘱的内容符合法律规定，可以确认遗嘱的效力。

如果有继承人对遗嘱内容有异议，公证机构就无法确认遗嘱的效力，继承人只能通过诉讼来确认遗嘱的效力。

（四）为在境外所立的遗嘱的，公证机构应当根据法律、法规及司法部的有关规定确认遗嘱的效力。

四、不能办理遗嘱继承公证的情形

根据意见第十五条，以下情形之一，不能办理遗嘱继承公证：

（一）根据法律规定遗嘱继承人丧失继承权的；（二）遗嘱经审查无效或者效力无法确认的；（三）遗嘱处分的财产不属于被继承人个人所有或者被继承人生前已经处分了遗嘱所涉及的财产的；（四）继承同一遗产，遗嘱继承人中有人未提出公证申请且又未作出放弃继承表示的；（五）利害关系人与遗嘱继承人就遗嘱内容是否符合《中华人民共和国继承法》第十九条的规定有争议的（《继承法》第十九条：遗嘱应当对缺乏劳动能力又没有生活来源的继承人保留必要的遗产份额。注明：现为《民法典》第一千一百四十一条的规定，内容完全一致）；（六）利害关系人有充分证据证明遗嘱继承人没有履行遗嘱所附义务的。

五、死亡证明和亲属关系证明

在继承公证中，无论是法定继承公证，还是遗嘱公证，被继承人的死亡证明、被继承人和继承人的亲属关系证明都是必须提供的资料。

死亡证明，是指医疗机构出具的死亡证明；公安机关出具的死亡证明或者注销了死亡日期的注销户口证明；人民法院宣告死亡的判决书；死亡公证书。（意见第三条第二款）

亲属关系证明，是指被继承人或者继承人档案所在单位的人事部门出具的证明继承人与被继承人之间具有亲属关系的证明；基层人民政府出具的证明继承人与被继承人之间具有亲属关系的证明；公安机关出具的证明继承人与被继承人之间具有亲属关系的证明；能够证明相关亲属关系的婚姻登记证明、收养登记证明、出生医学证明和公证书。（意见第三条第三款）

当事人有合理理由无法提交本指导意见第三条规定的死亡证明或者亲属关系证明的，应当提交二件以上足以证明相关死亡事实或者相关亲属关系的其他证明材料。（意见第四条第一款）

六、与继承有关的几类公证

（一）用途为查询卡（户）内金额（数量）的亲属关系公证：当事人申请办理继承金额（数量）不明的银行卡（证券资金账户）内钱款（证券）公证的，公证机构应当告知其先申请办理用途为查询卡（户）内金额（数量）的亲属关系公证，待金额（数量）确定后，公证机构可以为其办理继承公证。（意见第十条第一款）

（二）用途为查询保管箱内物品的亲属关系公证和开启保管箱清点物品的保全证据公证：当事人申请办理继承存放在银行保管箱内物品公证的，公证机构应当告知其先申请办理用途为查询保管箱内物品的亲属关系公证和开启保管箱清点物品的保全证据公证，待保管箱内属于被继承人所有的物品的种类和数量确定后，公证机构可以为其办理继承公证。（意见第十条第二款）

（三）继承被继承人死亡保险金公证：当事人依照《中华人民共和国保险法》第四十二条的规定申请办理继承被继承人死亡保险金公证的，公证机构应当依照《中华人民共和国继承法》及本指导意见的有关规定为其办理继承公证。（意见第十一条）

（四）办理继承有限责任公司股权公证：当事人申请办理继承有限责任公司股权公证的，公证机构应当告知其《中华人民共和国公司法》第七十五条的规定（《公司法》第七十五条　自然人股东死亡后，其合法继承人可以继承股东资格；但是，公司章程另有规定的除外）。（意见第十二条）

（五）办理继承有限责任公司股东资格公证：当事人申请办理继承有限责任公司股东资格公证的，应当提交公司章程和其现任职证明。公证机构应当审查公司章程对当事人继承股东资格有无限制性规定以及审查当事人所从事的职业是否限制其继承股东资格。根据公司章程和有关法律规定，当事人不能继承股东资格的，公证机构为其办理继承股权公证。（意见第十二条）

（六）办理继承合伙人财产份额或者合伙人资格公证：当事人依照《中华人民共和国合伙企业法》第五十条和第八十条的规定申请办理继承合伙人财产份额或者合伙人资格公证的，公证机构参照本指导意见第十二条的规定办理。（意见第十三条）

我的房子，爱给谁就给谁？还真未必！ ①

上海某法院审理的一个案子——爷爷老陈，有四个儿子陈大、陈二、陈三、陈四。陈小四系陈四的儿子。2014年2月，老陈与孙子陈小四签订赠与合同，老陈将自己的房屋赠与陈小四，该赠与合同办理了公证。2015年

---

①　上海第二中级人民法院："公证遗嘱 PK 公证赠与，孰胜？"，载微信公众号"上海二中院" 2021 年 6 月 24 日。

2月，老陈起诉要求撤销上述赠与合同，未获法院支持。2015年9月，老陈立下公证遗嘱，遗嘱写明老陈去世后，房屋由陈大、陈二、陈三共同继承。老陈去世后，陈小四起诉三位伯父陈大、陈二、陈三，要求确认房屋是属于陈小四的。对于普通的赠与，在赠与财产转移之前（动产为交给受赠人，不动产为过户给受赠人），赠与人都可以反悔，那么爷爷把房子赠与孙子之后，为什么不能撤销赠与呢？因为该赠与办理了公证。

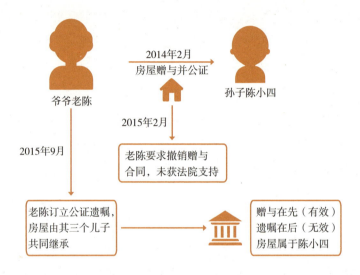

《合同法》（已失效）和《民法典》的合同编都规定了两种情形下，不能撤销赠与。1.经过公证的赠与合同。2.具有救灾、扶贫、助残等公益、道德义务性质的赠与合同。所以，在类似情况下，公证是把"双刃剑"。对于受赠人（获益的一方），为了避免赠与人反悔，应要求及时办理公证。对于赠与人，如果想灵活处理，万一受赠人对自己不好，或者没有满足某些条件，自己可以收回赠与，那就不要办理公证了。这本身也是一种博弈，往往还是至亲之间的。那么，后面爷爷订立的遗嘱是否有效呢？该遗嘱是无效的。因为公证赠与在先，这套房子在法律上已经属于陈小四了，只不过还没有办理过户。爷爷无权将该房屋另行处置，包括出售、赠与他人、立遗嘱处分该房屋。

这个案子，我们可以还原到生活中，老陈本来最偏爱小儿子陈四，以及陈四的儿子陈小四，于是把房子赠与陈小四，结果引起家庭风波，三个儿子陈大、陈二和陈三对父亲老陈发难，老陈为了平息矛盾，才另立遗嘱，无奈公证赠与在先。又或者是，在老陈办理了公证赠与之后，陈四和陈小四就对老陈不再那么精心侍奉，甚至越来越冷漠，老陈才愤而起诉。无论是哪种，亲情在利益的撕扯下，都四分五裂。如何分配财产，主动规划，还是无为而治，如何避免生前及身后的纠纷，对于老人家来说，是沉重而无奈的现实。

好在遗嘱办理了公证，不然女子无法顺利取得亡夫房产！

究竟，订立遗嘱要不要去办公证呢？先说本文笔者作为家事律师的结论，建议大家办理公证。《民法典》取消了"公证遗嘱"效力优先的规定，以最后订立的遗嘱为准（当然，前提是不存在无效情形）。而且，客观地说，公证并非遗嘱生效的法定要件。

那么，为什么还是建议大家要办理遗嘱公证呢？因为办理遗嘱公证后，有两大好处：

第一，公证遗嘱的效力不容易受到质疑，在诉讼中证明力很强。公证遗嘱相较于其他形式的遗嘱，具有专业性、安全性和保密性，可以避免其他形式遗嘱可能出现的问题如内容瑕疵或形式瑕疵，包括见证程序不规范、见证人的不适格等。

公证机构按照公证的规定，经过严格的调查取证、要求立遗嘱人提交相关资料，给立遗嘱人做笔录、全程录像等，才出具公证书。有些情况下，公证机构还要求立遗嘱人进行"民事行为能力鉴定"，确认其具有完全民事行为能力，才会为其办理遗嘱公证。公证赋予了遗嘱强大的证明力，若没有其他充分的相反证据，法院会直接认定公证遗嘱合法有效。

主要依据是《最高人民法院关于民事诉讼证据的若干规定》第十条，下列事实，当事人无须举证证明：……（七）已为有效公证文书所证明的事实。前款第二项至第五项事实，当事人有相反证据足以反驳的除外……

第二，遗嘱继承人持公证遗嘱，可以直接办理继承，无须全部法定继承人到场。

我们来看一个真实的案例，是2021年度深圳市盐田区法院的十大案例之一。陈某和郭某是夫妻，陈某订立公证遗嘱，将房子留给妻子郭某。陈某还有两位法定继承人，陈某和郭某的女儿（未成年），陈某和前妻的儿子（已成年）。陈某去世后，郭某持陈某的遗嘱去房管部门办理过户，房管部门却要求郭某提交以下的资料，否则不予办理："1.所有继承人或受遗赠人的身份证、户口簿或其他身份证明；2.所有继承人或受遗赠人与被继承人或遗赠人之间的亲属关系证明；3.继承人或受遗赠人放弃继承提交放弃继承权的声明。"郭某将房管部门告上法庭，深圳市盐田区人民法院一审判决撤销房管部门的《不予受理通知书》《行政复议决定书》，被告房管部门提起上诉，广东省深圳市中级人民法院二审维持原判。法院判决说理如下："《不动产登记暂行条例实施细则》第十四条述明，因继承、受遗赠取得不动产，当事人申请登记的，应当提交死亡证明材料、遗嘱或者全部法定继承人关于不动产分配的协议以及与被继承人的亲属关系材料等，也可以提交经公证的材料或者生效的法律文书。

"从字面表述来看，该条文包含两个层次，第一层次是将所需材料分为两种形式：一种为原始书证形式，记载死亡、继承等事实，另一种为经过公证或者生效的法律文书的形式。第二层次则列明所需的具体材料，包括遗嘱或者全部法定继承人关于不动产分配的协议以及与被继承人的亲属关系材料等。

"从用词来看，'或者'一词表示选择关系，而非要求同时具备。这种选择关系与我国继承制度分为法定继承、遗嘱继承的制度设置相一致，即材料为遗嘱的，对应的是遗嘱继承方式；材料为全部法定继承人关于不动产分配的协议以及与被继承人的亲属关系的，则对应法定继承方式。

"原告系依据遗嘱继承涉案房产，被告不动产登记中心要求提供包括所有继承人或受遗赠人放弃继承的声明等材料，实属模糊了遗嘱继承和法定继承的区别。并且，公证遗嘱具有较高的法律效力，在没有相反证据足以推翻公证遗嘱的情况下，应当认可公证遗嘱所公证的事实。现本案也未有其他相反证据推翻该公证遗嘱。"①

概括而言，上述判决的理由是遗嘱继承并非法定继承，只要遗嘱合法有效，就按照遗嘱来处理，不应要求提供全部法定继承人的身份资料，或者要求经过其他法定继承人同意。至于遗嘱是否合法有效，经过公证的遗嘱，就推定为合法有效，可以直接凭公证遗嘱办理房产过户等，不需经过司法裁判确认。当然，如果法定继承人有异议的，可以提起诉讼。

第五节　关于遗嘱的六件事

一、遗嘱执行人

《民法典》第一千一百三十三条规定，立遗嘱人可以在遗嘱中指定遗嘱执行人。遗嘱人可以指定继承人中一人或数人为遗嘱执行人，或指定继承人以外的其他人（包括法人）为遗嘱执行人。

遗嘱中指定了遗嘱执行人的，由遗嘱执行人担任遗产管理人，根据《民法典》第一千一百四十七条的规定，遗产管理人的主要职责是：1.清理遗产并制作遗产清单；2.向继承人报告遗产情况；3.采取必要措施防止遗产毁损、灭失；4.处理被继承人的债权债务；5.按照遗嘱或者依照法律规定分割遗产；6.实施与管理遗产有关的其他必要行为。

遗嘱执行人必须是完全民事行为能力人。如果遗嘱中没有指定遗嘱执行人，或者遗嘱中所指定的人，患有重病、丧失行为能力，拒不接受指定等，而不能执行遗嘱的，继承人应当及时推选遗产管理人；继承人未推选的，由继承人共同担任遗产管理人；没有继承人或者继承人均放弃继承的，

① 深圳市盐田区人民法院一审案号（2019）粤 0308 行初 2873 号；二审深圳市中级人民法院（2020）粤 03 行终 1567 号。

由被继承人生前住所地的民政部门或者村民委员会担任遗产管理人。《民法典》第一千一百四十八条规定，遗产管理人（包括遗嘱执行人）应当依法履行职责，因故意或者重大过失造成继承人、受遗赠人、债权人损害的，应当承担民事责任。有些国家规定，遗嘱执行人同时是法定继承人的，其不得拒绝担任遗嘱执行人，非法定继承人的，则可以拒绝担任遗嘱执行人。

二、共同遗嘱

共同遗嘱是指两个人（通常是指两夫妻）一起订立遗嘱。当其中一个人去世，遗嘱部分生效。另一个人去世，遗嘱的剩余部分生效。我国《民法典》的继承编并未规定共同遗嘱，也未禁止设立共同遗嘱，司法实践中，法院通常"有限度地承认共同遗嘱"，即只承认夫妻共同遗嘱。共同遗嘱在实践中主要的争议是，一方去世后，在世的一方能否修改遗嘱。笔者认为，在世的一方对于自己的个人财产或自己在共有财产中拥有的份额，可以修改共同遗嘱中的相应内容。如果涉及从已故配偶继承的财产，则应当遵守已故配偶在遗嘱中的意愿。

假设夫妻订立共同遗嘱，在遗嘱中写明一方去世后，遗产全部归对方所有，对方去世后，遗产全部归子女所有。丈夫去世后，妻子按照共同遗嘱继承了丈夫的全部遗产。后来妻子再婚，又生育了孩子。妻子想重新订立一份遗嘱，将自己的财产给现任丈夫，或者再婚生育的孩子。如果这部分财产中涉及妻子从前任丈夫那里继承的财产，是否有效。笔者认为，妻子无权这样做，因为当初双方订立共同遗嘱的目的之一，就是保证财产能留给双方共同的子女，妻子无权单方修改共同遗嘱，否则就是对逝者的不公平、不尊重，违反了逝者的遗愿，侵犯了逝者的财产处分权。夫妻双方可以在共同遗嘱上约定，一方去世后，另一方是否可对遗嘱进行变更、撤销，在什么情况或条件下具体如何变更等，尽量减少争议。

关于共同遗嘱的形式要件，如果甲亲笔书写并签名，配偶乙在落款签名，对于乙而言，是否代书遗嘱？有判决指出这种形式对于夫妻双方均为自书遗嘱，理由是夫妻双方基于共同的意思表示对夫妻共同财产订立遗嘱，一方书写遗嘱内容并由双方签名确认的，系双方对其共同财产进行的处分，并不违反法律关于遗嘱效力的强制性规定，应认定该遗嘱有效。但也有判决认为这种形式对于乙是代书遗嘱，必须符合代书遗嘱的形式要件才有效。为避免出现上述问题，建议共同遗嘱最好采用公证或律师见证的形式，或者由双方各自亲笔书写一份内容完全相同的遗嘱，并且在两份遗嘱上都共同签名。

三、后位继承

后位继承，是指立遗嘱人指定某继承人所继承的财产利益，在符合某种条件后或到某个期限时转移给另一继承人。我国的《继承法》和《民法典》的继承编中没有关于后位继承的明文规定，而根据《继承法》第二十一条和《民法典》第一千一百四十四条，遗嘱继承或者遗赠可设置一定的义务，继承人或者受遗赠人应当履行义务。后位继承相当于附条件的遗嘱继承或附期限的遗嘱继承，这在理论界和司法界也得到了承认。

什么是后位继承，我们举例说明：甲未婚未育，父母都已去世，甲订立遗嘱，指定自己的一套房产先由弟弟乙继承，在甲乙的妹妹丙年满十八周岁时，乙必须将该房产过户给丙。这是附期限的遗嘱继承，是后位继承的一种形式；或者甲指定在乙去世后，该房产由甲乙的妹妹丙继承。这是附条件的遗嘱继承，是后位继承的另一种形式。

上述两种情况中，乙是前位继承人，丙是后位继承人。直接从遗嘱人处取得遗产并届时负有向另一继承人转移遗产义务的，称为前位继承人。待条件成就或期限到来时，从前位继承人处取得遗产的，称为后位继承人。乙对于该房产只有占有、使用、收益的权利，没有处分的权利。在期限届至（丙十八周岁），或条件成就时（乙去世），房产由丙取得。丙是甲的最终继承人，是基于甲的意思表示取得房产，而并非从乙处取得房产。丙享有的是对乙的请求权，以及基于该请求权的排除妨害、恢复原状、赔偿损失等救济权利。若乙不按照甲的遗嘱执行，丙可以主张房屋的所有权。比如说，乙出售该房产，丙可以要求追回房屋（若买家符合善意取得，丙只能要求乙返回出售款、赔偿损失）。或者丙已满十八周岁，乙不肯将房产过户给丙，丙可以起诉要求乙将房产过户给自己。若后位继承人在条件成就或期限到来之前死亡的，比如丙在十八周岁前去世（期限未到），或者丙先于乙去世（条件未成就），后位继承关系消灭，遗产最终归前位继承人所有，除遗嘱另有规定外，后位继承人的继承人无权继承该项财产。若后位继承人故意杀害前位继承人，属于客观上恶意促成条件成就，即使不以争夺遗产为目的，后位继承也因此消灭。

四、继承人协议

《民法典》第一千一百三十二条规定，继承人可以协商遗产分割的时间、办法和份额，也就是继承人可以签订书面的协议。继承人协议的生效要件，与一般的民事法律行为相同，即1.行为人具有相应的民事行为能力；2.意思表示真实；3.不违反法律、行政法规的强制性规定，不违背公序良俗，此外还包括以下几点：

第一，继承人协议必须由全体法定继承人共同达成，采取书面形式。

第二，继承人协议应当在继承开始之后达成，也就是被继承人死亡之后达成。继承人提前放弃继承（或部分放弃）无效。《最高人民法院关于适用〈中华人民共和国民法典〉继承编的解释（一）》第三十五条规定，继承人放弃继承的意思表示，应当在继承开始后、遗产分割前作出。遗产分割后表示放弃的不再是继承权，而是所有权。

第三，继承人协议，跟遗嘱一样，必须保留必要的份额给缺乏劳动能力又没有生活来源的继承人。

第四，继承人协议应当保留胎儿的继承份额。胎儿出生时是死体的，保留的份额由全体继承人再行商议（也可在协议中提前约定发生该情形如何处理）。

此外，继承人协议中还有几点要注意的：

继承人中有未成年人的，能否由其监护人（法定代理人）签订协议，法律没有明确规定。根据《民法典》第三十五条第一款的规定，监护人应当按照"最有利于被监护人"的原则履行监护职责。监护人除为维护被监护人利益外，不得处分被监护人的财产。故原则上，未成年人的监护人不得代替未成年人作出放弃继承的意思表示，除非能以此换取相当的或更大的财产利益。

继承人可以放弃继承，继承人因放弃继承，导致其不能履行法定义务的，放弃继承权的行为无效（《最高人民法院关于适用〈中华人民共和国民法典〉继承编的解释（一）》第三十二条）。也就是说，继承人不能为了逃避债务，就放弃继承的权利。债权人可以申请撤销继承人放弃继承的行为。父母在世时，几个子女约定，其中一人或数人放弃继承，也不负责赡养父母，这种约定是无效的。一方面，放弃继承的意思表示只能在继承开始之后作出；另一方面，赡养父母是法定义务，不能约定免除。

继承人放弃继承之后，能否反悔呢？《最高人民法院关于适用〈中华人民共和国民法典〉继承编的解释（一）》第三十六条规定：遗产处理前或者在诉讼进行中，继承人对放弃继承反悔的，由人民法院根据其提出的具体理由，决定是否承认。遗产处理后，继承人对放弃继承反悔的，不予承认。也就是说，如果继承人是自愿放弃继承的，并非受到胁迫、欺诈，那么在遗产实际分割之后，继承人就不能反悔要求继承财产了。

五、遗嘱信托

《民法典》第一千一百三十三条第四款规定自然人可以依法设立遗嘱信托。遗嘱信托是指委托人以立遗嘱方式，将财产的规划内容，包括交付信托后遗产的管理、分配、运用及给付等，订立在遗嘱中。当委托人去世，遗嘱生效时，信托财产转移给受托人，由受托人依据信托的内容，也就是委托人遗嘱所交办的事项，管理处分信托财产。与普通信托业务相比，遗嘱信托最大的不同点在于，遗嘱信托是在委托人死亡后才生效。遗嘱信托的缺陷在于遗嘱的效力容易受到挑战和否定，遗嘱信托只能作为和时间赛跑的应急措施，在生前设立信托则能避免这点。

"对受益人来说，想要挑战委托人生前设立并且已经置入财产的信托很难。它相当于在挑战一份由他人订立，并且已经履行完毕的协议。出于对家族信托已经取得财产并合法运行这一客观事实的尊重，法院只有在较为极端的情况下才会判决信托安排无效。但是，挑战通过遗嘱设立的信托，或者通过遗嘱置入财产的信托却相对容易。由于遗嘱安排的执行是在立遗嘱人死后才开始的，它相当于在挑战一份由他人订立的，还没有开始执行的法律文件。"[1]

结合本章第二节所说的，立法和司法对遗嘱形式要件的严格认定以及遗嘱的多种无效情形，我们可以想象，在涉及巨额财产、多类型财产、涉及企业股权经营权的情况下，遗嘱是比较"脆弱"的，完全落实的难度较大。在遗嘱存在争议期间，家族、家庭的财产处于权利悬空的状态，这对财产的使用、管理、经营、保值增值都极为不利。所以建议企业家、高净值人士在生前就妥善处置财产，避免输给飞逝的光阴、突如其来的意外和复杂的人性。

六、遗嘱监护

（一）遗嘱监护的适用条件

《民法典》第二十九条规定"被监护人的父母担任监护人的，可以通过遗嘱指定监护人"。遗嘱监护，可谓临终托孤，给孩子最后的礼物。要注意两点：第一，只有监护人是被监护人的父母的情形下才适用，其他监护人无权通过遗嘱来为被监护人指定监护人。第二，被监护人可以是未成年子女，也可以是无民事行为能力或限制民事行为能力的成年子女。

我们结合两部电影，来看看遗嘱监护的功能、如何确保其有效性、如

---

[1] 张钧、谢玲丽、李海铭：《对话家族信托》，广东人民出版社2017年版，第89页。

何切实保障被监护人（未成年子女）的权益。《天才少女》是美国电影，《婚纱》是韩国电影。在这两部电影中，六七岁的小女孩痛失双亲，成为孤儿。所幸故事悲伤的底色上，铺洒着温暖的亲情之光。亲人们对孩子关怀备至，然而，因为两位母亲并未在法律层面上对孩子的未来进行安排，导致理念不同的亲人之间为了孩子的前途规划发生冲突。《天才少女》中，玛丽的父亲抛弃了她，从未尽过任何责任，《婚纱》中，少拉的父亲早年去世，失去母亲后，两个小女孩就成了孤儿。所以，若存在以下情况之一，则父母更应考虑是否有必要立遗嘱为子女指定监护人：

1.单亲家庭（单身母亲、离异、丧偶、配偶失踪）；

2.配偶的家庭责任感淡薄甚至遗弃子女；

3.配偶没有（充分）能力抚养子女（重残、患重大疾病等）；

4.配偶客观上无法抚养子女（外派、服刑、戒毒中等）；

5.配偶曾经严重伤害子女；

6.再婚家庭，配偶与子女没有血缘关系。[①]

（二）遗嘱监护的功能

1.避免监护权之争。在《天才少女》中，玛丽的母亲逝世后，玛丽的外婆和舅舅为了争夺玛丽的监护权对簿公堂，剑拔弩张。法官将玛丽安排至寄养家庭，玛丽和舅舅骨肉分离，情感上饱经折磨。《婚纱》中，少拉的母亲与哥嫂、姐姐感情甚笃，少拉与舅父舅母共住，少拉姨妈却提出要带少拉出国，还问起妹妹（即少拉母亲）保险的受益人，被嫂子（少拉舅母）掌掴，并质疑其另有所图。通过指定监护人，可以避免亲人之间出现纷争乃至诉讼，导致亲情四分五裂，孩子的身心受到伤害。父母还可以征求孩子的意见，跟拟托付之人进行沟通，让监护能落到实处，且最大限度地有利于孩子的身心健康。

2.让孩子得到监护人妥善的照顾，包括在生活上、学业上、价值观引导

---

① 事实无人抚养孤儿（事实孤儿），是指父母没有双亡，但家庭没有能力或意愿抚养的儿童。

等全方位的照顾。

3.让孩子经济上有所保障。监护人保管、打理委托人（被监护人父母）遗留下来的财产，以财产和财产的收益负担孩子的各方面支出。

（三）如何确保遗嘱监护的有效性

1.订立遗嘱监护的委托人具有完全民事行为能力。若担心日后有人质疑，委托人可进行民事行为能力的鉴定。

2.委托人与监护人签订合同，详细约定监护人的权利义务。

3.对遗嘱或合同进行公证。

（四）如何避免监护人侵犯被监护人的权益

1.遗嘱监护和法定监护相结合，遗嘱指定的监护人和法律规定的监护人共同决定被监护人的事项，彼此相互制约，又相互配合。

2.委托两个或以上的监护人，不同的监护人之间，职责不同，彼此也可以相互监督。但是要考虑到监护人之间能否有效合作，且监护人人数过多的话，也可能互相推诿，或意见不一。

3.自然人监护人和机构监护人结合，可以在遗嘱中指定自然人和机构同时作为监护人。

4.人身事项和财产事项分别委托不同的监护人，这样可以最大限度地防止监护人为了自身利益而损害被监护人的利益。

5.设立监督人、要求监护人定期书面报告、监护人有权撤销监护等。

第六节　财富的代际传承

很多父母基于各种考虑，会把一定财产乃至全部财产留给子女，这也是中国人的传统。把财产留给子女，有各种方式，各有利弊，本文进行详细的法律分析，并提出注意事项。而父母把财产给子女之后，能否反悔，也要视具体情况而定。

一、把财产给子女的好处

第一，给子女提供经济上的保障，增强家庭的凝聚力和抗风险的能力。

第二，在子女结婚之前，把财产给子女，财产属于子女的婚前个人财产，即使日后子女离婚，该财产也不属于夫妻共同财产，子女的配偶无权要求分割。

第三，债务隔离。夫妻把财产给子女后，该财产不属于家庭财产或夫妻的财产，不会受到夫妻的个人债务或共同债务的牵连。但是，故意转移财产逃避债务的，债权人可请求撤销该赠与。

《民法典》第五百三十九条规定，债务人以明显不合理的低价转让财产、以明显不合理的高价受让他人财产或者为他人的债务提供担保，影响债权人的债权实现，债务人的相对人知道或者应当知道该情形的，债权人可以请求人民法院撤销债务人的行为。

第四，离婚时把某些夫妻共同财产给子女，最大的好处是有利于迅速解决纠纷，节省双方的成本，包括时间成本、精力成本和金钱成本。双方不用对簿公堂，或能在法庭上握手言和，避免彻底撕破脸皮，进一步互相伤害。

子女是父母结合创造出的生命，身上流着父母的血，是父母的共同关爱之所在。绝大部分的夫妻走到婚姻尽头，关系已经完全破裂，甚至反目成仇。没有了爱的基础，有些人只在意自己的利益和感受，失去了理性思考和换位思考的能力，较难达成协议，而子女就成了双方最大的利益共同点。当双方对财产争执不下时，把财产留给子女，不失为上策。中国人的传统观念中，父母辛辛苦苦打拼，都是为了子女能过上更好的生活，父母的财产都是留给子孙后代的。

二、把财产给子女的弊端

把财产留给子女的弊端，本节不从对子女成长、发展的角度讨论，只从法律的层面考量。

第一，父母失去了对财产的直接处分权，未成年的子女作为无民事行为能力人或限制民事行为能力人，无法独立处置财产，财产失去变现能力或者变现的时间成本增加，若出现家庭成员患病、意外受伤等急需大量资金的情况，房产难以及时变现，不利于应对人生风险。

《民法典》第三十五条第一款：监护人应当按照最有利于被监护人的原则履行监护职责。监护人除为维护被监护人利益外，不得处分被监护人的财产。

第二，一方（尤其是携带抚养方）可能侵吞子女的财产。夫妻离婚后，幼小的子女处于拥有抚养权的父亲或母亲的日常监护下。父或母与子女在法律上是两个独立的主体。虽然父亲或母亲通常以子女的利益为第一位，但也不能否认，现实中有个别父母侵犯子女的利益。若一方利用子女年幼无知，通过各种手段，擅自处分子女名下的财产，在购买方符合善意取得的情况下，对方和子女无法追回房产，而房款又很可能被转移、挥霍掉，子女的利益难以得到保障。

第三，若子女先于父母去世的，子女的配偶、父母都是第一顺序的法定继承人，财产面临继承分割的局面，可能会发生纠纷乃至诉讼。

第四，子女成年后可能会违反父母意志，随意处置财产。按照中国的法律，子女十八周岁就成年，是完全民事行为能力人。若房产或存款在子女一个人的名下，子女就可以独立处置了。然而，二十岁上下的年轻人，尚未步入社会，未成家立业，对世界和自我的认识都是不完整的，容易冲动或偏执。在这种情况下，父母又不能在法律上阻止子女处置财产（父母已经不是"法定监护人"或"法定代理人"，无权撤销子女的行为），子女可能遭受经济损失，也就使父母和家庭遭受经济损失。

第五，子女购房需遵守二套房政策，成本大增。子女获得父母赠与的房产后，再另行购房，按照二套房政策，须缴纳更多的税费；如果房子的贷款尚未还清，按照银行的政策，再次购房的首付比例和贷款利率更高，成本增加不少。

三、把财产给子女的方式

把财产留给子女，主要有五种方式：第一，订立遗嘱；第二，双方约定财产的所有权属于子女；第三，把财产转移到子女的名下（不动产）或交付给子女（动产）。

第一种方式：一方立遗嘱留给子女。订立遗嘱是个人的单方意思表示，立遗嘱人随时可以修改，也有权随时把自己的财产处置掉（法定继承人或遗嘱指定的继承人无权撤销或追讨，因为继承尚未发生），所以立遗嘱这种方式对于子女来说没有充分保障。

第二种方式：夫妻双方约定财产的所有权属于子女，但未办理过户或交付手续。分为三种情况：

1.夫妻双方并未离婚，只是在财产协议中约定，某项财产属于子女所有。若一方不按照约定将财产转移给（赠与）子女，子女是否有权要求强制履行，这取决于赠与方是否有权撤销赠与。若该赠与办理了公证，或者有道德性质，则赠与方无权撤销。

2.双方签订了离婚协议，但双方离婚未成，则根据《最高人民法院关于适用〈中华人民共和国民法典〉婚姻家庭编的解释（一）》第六十九条，该协议尚未生效，双方均可以反悔，即无权强制要求对方履行，包括无权要求对方依约将财产赠与子女。

3.双方办理了离婚手续，离婚协议已经在民政局登记备案，若一方不按照约定将财产转移给子女，子女有权起诉要求履行。

此外，赠与可以附期限或条件。若期限未至、条件未成就，赠与方可以抗辩。是否要约定期限或条件，由双方根据实际情况协商。但所附期限、条件应该合法合理，有可能实现，且不能人为设置障碍，否则违反了尽快解决纠纷、保障子女利益的初衷，使得子女的权益长期处于不确定状态。

第三种方式：把财产直接交付给子女，或转移到子女的名下。上述第二种方式，若财产在交付或过户之前，被赠与方擅自处分了，第三人构成善意取得的情况下，子女无法追回，利益受损，无法得到弥补。而父母直接把财产给子女，比如把存款转移到子女的账户里，把现金或值钱的物品

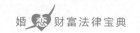

直接交给子女，把不动产过户到子女的名下，使得约定尽快变为现实，避免日后的诉累，导致亲子关系恶化。

第四种方式：为子女购买理财产品、保险产品。关于商业保险与家庭财富管理，请参阅本书第八章的相关内容。

第五种方式：设立信托。信托门槛很高，暂时离普通大众还比较遥远，适合于超高净值人士考虑。

四、把财产给子女的注意事项

第一，父母把财产给子女，通过赠与或者继承的方式，如果父母担心子女和配偶离婚，财产被儿媳、女婿分割，就必须在赠与协议或者遗嘱中特别写明财产由自己的子女单独接受赠与或单独继承。如果父母没有特别的意思表示，婚后接受赠与以及继承的财产，属于夫妻共同所有。《民法典》第一千零六十三条第三项规定，下列财产为夫妻一方的个人财产：（三）遗嘱或者赠与合同中确定只归一方的财产。

第二，为防止日后子女不尽孝道，可写明履行赡养义务为接受赠与的对价。父母把房屋赠与子女后，子女拥有了房屋的所有权。若父母患病，或年事已高，万一子女虐待、遗弃父母，父母没有了财产的保障，境遇会很悲惨。父母可在赠与协议中设置"条件"，若子女不履行赡养义务，父母有权撤销赠与，收回房屋。《民法典》第六百六十一条规定，赠与可以附义务。赠与附义务的，受赠人应当按照约定履行义务。第六百六十三条规定，受赠人有下列情形之一的，赠与人可以撤销赠与：（一）严重侵害赠与人或者赠与人近亲属的合法权益；（二）对赠与人有扶养义务而不履行；（三）不履行赠与合同约定的义务。赠与人的撤销权，自知道或者应当知道撤销事由之日起一年内行使。

五、把财产赠与子女，能反悔吗

财产的所有权从父母转移到子女，动产以交付为准，不动产以变更登记为准。那么，在财产的所有权转移给子女之前和之后，父亲或者母亲可以反悔吗？我们分成以下六种情况讨论：

第一种情况：父母已将财产赠与子女，父母年迈或患病，而子女不履行赡养义务的，或严重损害父母利益的，父母可以要求撤销赠与。

第二种情况：夫妻双方签订婚内协议，将财产赠与子女，协议没有公证，一方反悔，另一方和子女无权要求履行。因为这种协议不属于具有社会公益、道德义务性质（除非是特殊情况，能证明子女急需这笔财产，比如治病救命）。《民法典》第六百五十八条规定，赠与人在赠与财产的权利转移之前可以撤销赠与。经过公证的赠与合同或者依法不得撤销的具有救灾、扶贫、助残等公益、道德义务性质的赠与合同，不适用前款规定。

第三种情况：夫妻双方签订离婚协议，将财产赠与子女，后来没有离婚。一方反悔，另一方无权要求履行，即使这份离婚协议公证了也是如此。因为离婚协议以离婚为前提，婚姻关系没有解除，协议不发生法律效力。

第四种情况：夫妻双方签订离婚协议，将财产赠与子女，离婚后一方无权撤销赠与，另一方和子女可要求其履行。理由有两点：

1.已经办理离婚手续，除非能证明该意思表示不真实（受欺诈）或不自由（受胁迫），否则不能变更或撤销离婚协议。《最高人民法院关于适用〈中华人民共和国民法典〉婚姻家庭编的解释（一）》第七十条，夫妻双方协议离婚后就财产分割问题反悔，请求撤销财产分割协议的，人民法院应当受理。人民法院审理后，未发现订立财产分割协议时存在欺诈、胁迫等情形的，应当依法驳回当事人的诉讼请求。

2.离婚协议具有强烈的人身属性和感情因素。离婚协议对财产的处理，带有很多道德上的考虑，维护亲情的补偿，不能简单套用民法"等价有偿"的原则。在双方已经解除了夫妻关系之后，通常不能以"显示公平""重大误解"等为理由推翻。在离婚协议中，双方将共同财产赠与未成年子女的约定与解除婚姻关系、子女抚养、共同财产分割、共同债务清偿、离婚损害赔偿等内容互为前提、互为结果，构成了一个整体，是"一揽子"的解决方案。如果允许一方反悔，那么离婚协议的公平性将被破坏。在婚姻关系已经解除且不可逆转的情况下，如果允许当事人对于财产部分反悔，将助长先离婚再占有财产的恶意行为，违反诚实信用的原则，也不利于保护未成年子女的权益。

第五种情况：夫妻离婚后，一方将自己分割所得的财产赠与子女。

离婚后，一方分割所得的财产，就是该方的个人财产了。若该方表态或书面表示要将某项财产赠与子女，该赠与跟离婚无关了，该方享有《民法典》第六百五十八条规定的任意撤销权。

第六种情况：夫妻离婚后，离婚协议中财产赠与子女的内容还没有履行，夫妻复婚，一方反悔，不同意赠与。

赠与的前提是离婚，双方复婚后，前提消失，一方可以撤销赠与，即使双方后来又离婚了，也是如此。因为第二次离婚与第一次离婚是相互独立的，第一次离婚时作出的意思表示不能约束第二次离婚。

综合上述各种情形，为了防止一方反悔，撤销赠与，应该尽量办理赠与协议的公证，或尽快办理相应的交付或过户手续。

后 记

这本书终于诞生，我的内心感慨万千。在过去的六年多里，本书的题材我写了四五遍，尝试各种写法和体例。它历经了杂文体、对话体、小说体，又回到了杂文体加上案例、故事，从形式到内容，一直在变化。2020年5月《民法典》出台，两年多里我认真钻研，把《民法典》的新规定融入本书当中了。对于法律人而言，工作就是学习，学习就是工作。完美本是不存在的，难免有各种疏漏，这本书真的是"抛砖引玉"，还望同行多多指正。

"看似寻常最奇崛，成如容易却艰辛"，幸运的是，我得到了编辑老师、多位同事和朋友的大力支持。

在此特别感谢我的四位同事徐洪辉律师、冼科律师、李久禄律师、崔庆宁律师，以及广州公证处的蔡婉聪公证员，上述五位同仁对本书提出了宝贵意见。

本书的策划编辑黄会丽，和我相识于2019年3月，我们可以说"一拍即合""未见如故"。会丽编辑的热情深深地感染着我，她活跃的思维、形象化的语言，总是给我带来很多启发。毫不夸张地说，每次跟会丽编辑电话长聊之后，我都感觉到心里暖暖的，整个人轻盈又有力量。正是会丽编辑一路上无形的陪伴支持，才让我没有放弃，最终得以成书。每每念及会丽编辑字斟句酌地为本书润色、把关，我就又惭愧又感动。

这本书是我在中国法制出版社出版的第二本书。2020年7月，中国法制出版社出版了我的《律师实战心理学》一书，编辑是陈晓冉老师。《律师实战心理学》的第二版已于2023年2月面世。中国法制出版社的赵宏老师提出非常多宝贵的意见，我都进行了相应的修改、增补，让该书的第二版更加完善。

对中国法制出版社的各位编辑老师，我的感恩之情难以言表。我深知自己功力尚浅，老师们更多的是被我对律师工作的热爱和对写作的执着所打动。我唯有继续修炼，更上一层楼，才不辜负编辑老师们的信任。

为读者朋友们简单介绍本书：本书是法律实务图书，是民法典时代既新又全的婚恋法律指南。本书共计九章，分别从婚恋各阶段的财富处理和保障、遗嘱与传承、债务、房产、股权、知识产权、保险等方面进行全方位阐述，涵盖家事及财富管理领域常见的法律问题和潜在风险，旨在维护婚姻稳定，提升家庭幸福感。本书有以下特点：

第一，涵盖了最新的、最全面的婚姻家事、继承方面的法律规定，包括《民法典》《最高人民法院关于适用〈中华人民共和国民法典〉婚姻家庭编的解释（一）》《最高人民法院关于适用〈中华人民共和国民法典〉继承编的解释（一）》等。

第二，并非停留在解读法律规定的层面，落脚点是风险防范和主动规划，告诉读者应该怎么做、不要怎么做，本书凝聚了我执业十六年以来处理家事纠纷的经验和智慧，是给大众的实用指南。

第三，重点突出，避免浮光掠影式的高大上，聚焦于财富保护和传承，尤其是房产、股权、知识产权这些常见且价值较高的财产。本书较少涉及人身关系，因为人身关系是以法律规定的权利义务为准，当事人可以约定或策划的空间几乎没有。

第四，密切结合现实生活，对居住权、代持、遗嘱监护、遗嘱信托这些新规定以及当下社会热点话题，均有深入浅出的阐述。

第五，呈现精心提炼的干货，脉络清晰，以近年的真实案例和简洁易懂的故事进行剖析，轻松易读，可操作性强。

第六，每章都配了思维导图，也为较复杂的案例配了图，便于帮助读者理解、记忆和快速查找。

希望读者朋友们能从这本书中有所收获，也欢迎多多交流！如有任何意见或问题，请发电子邮件到 lyj@kingpound.com。

这本书对我而言，是新的起点。前进的道路，漫长修远，我们共同踏踏实实地一步一步丈量！

李颖珺

2023 年 3 月 20 日

图书在版编目(CIP)数据

婚恋财富法律宝典 / 李颖珺著. —北京：中国法
制出版社，2023.6

ISBN 978-7-5216-3625-3

Ⅰ.①婚…　Ⅱ.①李…　Ⅲ.①婚姻家庭纠纷—基本知
识—中国②家庭财产—财产权益纠纷—基本知识—中国
Ⅳ.①D923.9

中国国家版本馆CIP数据核字（2023）第107351号

策划编辑/责任编辑：黄会丽　　　　　　　　　　　　封面设计：蒋　怡

婚恋财富法律宝典
HUNLIAN CAIFU FALÜ BAODIAN

著者/李颖珺
经销/新华书店
印刷/三河市国英印务有限公司
开本/710毫米×1000毫米　16开　　　　　　　印张/16　字数/229千
版次/2023年6月第1版　　　　　　　　　　　　2023年6月第1次印刷

中国法制出版社出版
书号ISBN 978-7-5216-3625-3　　　　　　　　　　　　　定价：58.00元

北京市西城区西便门西里甲16号西便门办公区
邮政编码：100053　　　　　　　　　　　　　　传真：010-63141600
网址：http://www.zgfzs.com　　　　　　　　编辑部电话：010-63141785
市场营销部电话：010-63141612　　　　　印务部电话：010-63141606
（如有印装质量问题，请与本社印务部联系。）